부모와 자녀가
함께 읽는
중독 이야기

다음세대 중독
대안과 해법

"우리 아이가 변했어요!"
미디어와 중독 물질에 노출된
다음세대를 구출하라

부모와 자녀가 함께 읽는

// 저자 김영한

중독 이야기

25년 이상 다음 세대를 섬긴 목회자 • 청소년중독예방본부 주강사
김영한 목사가 들려주는
우리가 반드시 알아야 할 다음세대 이야기

추천사

"숯을 가까이하면 검댕이 묻는다"라는 말이 있습니다. 좋지 않은 환경이나 부정적인 일을 하다 보면 결국 그 영향에서 벗어나기 어렵다는 뜻입니다. 오늘날 우리의 다음세대는 그 어느 때보다도 중독에 쉽게 노출되어 있습니다. 스마트폰 하나면 수많은 중독 거리에 접근 가능한 시대입니다. 그럼에도 불구하고 많은 부모님이 "내 자녀는 아닐 거야"라는 안일함에 빠져있습니다. 김영한 목사님의 책 『부모와 자녀가 함께 읽는 중독 이야기』는 이러한 우리의 안일함에 경종을 울립니다. 중독의 문제와 대면하도록 도와줍니다. 중독의 가장 좋은 치료법은 예방입니다. 이 책을 통해 부모와 자녀가 중독의 문제를 심각하게 받아들이고 미리 대비하기를 원합니다. 그리고 무엇보다 중독의 참 해결책인 하나님을 만나길 축복합니다. 바벨론의 한복판에서도 신앙을 지킨 다니엘처럼, 우리의 다음세대가 하나님의 세대로 세워지기를 간절히 소망합니다.

주경훈 목사
오륜교회 담임목사

중독은 이 시대를 파괴하는 심각한 중병입니다. 이 책 『부모와 자녀가 함께 읽는 중독 이야기』는 중독을 성경적, 현상적, 치유적 관점에서 정리하고 풀어내면서 실제적인 처방을 위한 대안까지 제시하기에 모든 사역자가 읽고 교회 사역에서 활용해야 할 책입니다. 이론에 머물지 않고 현실에 뿌리를 내리고 처방을 하여서 치료로 나아가도록 도우며, 특히 가정의 역할과 교회의 역할을 명확하게 제시하여 실제적인 도움이 되도록 하였습니다. 중독의 예방 차원에서 읽어도 도움이 되고, 치유와 회복의 관점에서 읽어도 도움을 얻을 수 있습니다. 김영한 목사님은 오랫동안 청소년과 청년을 살리기 위해서 모든 것을 쏟아 오신 분입니다. 영적 아비의 마음이 녹아 있는 이 책을 통해서 많은 이들이 유익을 누릴 것이 기대됩니다.

이상갑 목사
산본교회 담임목사, 청년사역연구소 소장

"미디어와 중독 물질에 노출된 다음 세대를 구출하라"라는 저자의 구호와 이 책의 주제는, 30년간 청소년 사역과 상담과 집회를 해온 저의 구호이기도 합니다. 아니, 한국교회의 구호며, 모든 부모의 구호입니다. 중독의 심각성과 필요에 비해 현실적 대안 제시를 하는 책이 부족한 차에 김영한 목사의 중독에 대한 대안 제시는 너무 절실하게 시대와 교회에 갈증을 풀어 줍니다.

눈물 나게 반가운 이 책 『부모와 자녀가 함께 읽는 중독 이야기』의 호소처럼, 중독이야말로 청소년의 영적 파괴와 교회 떠남, 아니 하나님을 떠나는 것을 부추긴 1위라는데 30년 이상 가정 사역과 상담을 해 온 저 역시 동의하는 바입니다. 사회의 불안을 온몸으로 받아내며 잘못 해결하는 청소년 자체의 문제, 가정에서의 불안 조성, 교회와 학교의 전문적인 교육과 접근의 부족, 청소년의 중독을 경제적 이익의 수단으로 바라보고 이용하는 시각이 맞물린 까닭입니다. 여기에 영적으로 사단의 유혹까지 겹쳐 중독은 청소년의 바른 신앙생활에 가장 시급하게 해결해야 할 문제로 일찍이 떠올랐습니다. 그런데 정말 큰 고민은, 중독에 빠진 청소년의 해결이나 상담은 한 사람의 노력만으로는 너무 힘들다는 것입니다. 가정과 교회, 학교와 사회와 국가가 모두 힘을 합쳐서 지도하고 돕고 예방하고 치료해야만 효과가 있습니다. 그러하기에 중독 대안을 목 놓아 외치는 이 귀한 책의 필요성은 너무나 큽니다.

저자는 오래전부터 이 대안들을 잔 다르크처럼, 유관순처럼, 종교개혁자들처럼 외치다가 드디어 그 소리를 한 군데 모아 대안 중심의 이 책을 통해 외치고 있습니다. 교회의 역할로 진실한 소그룹의 중요성과 전문적인 중독의 이해와 해결을 위한 교육을, 가정에서 부모의 역할로 영적인 바른 양육, 부모와 자녀의 깊고 바른 대화, 건전한 습관을 어릴 때부터 길러 주는 것, 회복하게 하시는 하나님과 깊은 만남을 제시하고 있습니다. 무엇보다 장별로 나눔과 질문을 제시하여 부모와 자녀, 교회의 교사나 목회자가 제자들과 소그룹 모임으로, 또는 청소년끼리 그룹별로 공부하도록 하는 것이 가장 좋은 점입니다. 이 책을 사용해 가정과 교회와 대안학교에서 읽고 토의하고 나누며 결단하도록 진행한다면 중독 예방과 회복에 매우 좋은 열매가 있을 것입니다.

서상복 목사
해피가정사역연구소(해가연상담센터) 소장,
『그 어디나 하늘나라』 외 저자

"우리 애는 중독이랑 상관없어요"라는 말만큼 어리석은 말이 없습니다. 저자의 주장처럼 중독의 문제는 생각보다 다음세대의 문화에 깊숙이 침투해 있기 때문입니다. 아이들은 또래의 중독 문화에 비무장 상태로 노출되어 있습니다. 아이들에게는 중독의 유혹에 스스로를 지킬 수 있는 보호 장구가 필요합니다. 더불어 중독의 공격에 맞서 싸울 수 있는 무기가 필요합니다. 이 책 『부모와 자녀가 함께 읽는 중독 이야기』는 오늘날 다양하고 치명적인 중독에 대한 빈틈없는 보호 장구이자 강력한 무기입니다. 직접 읽어본다면 무슨 뜻인지 단번에 알게 될 것입니다.

정석원 목사
예수향남교회 협동목사, 『다시 성경을 찾아줘』 저자

저자 김영한 목사는 이 책 『부모와 자녀가 함께 읽는 중독 이야기』를 통해 중독, 특히 청소년 중독 문제를 아주 실제적으로 다루고 있습니다. 무엇보다 수많은 청소년과의 중독 상담 자료를 바탕으로 '성경적인 대안'을 제시하는 데 집중하였습니다. 뿐만 아니라 중독 예방을 위해서는 '부모의 역할'이 아주 중요하다는 사실을 강조하고 있습니다.

독자들이 이 책을 읽을 때 한 가지 관심있게 봐야 할 부분으로, 저자가 매 챕터마다 '실제 상담 사례'를 먼저 소개하고 있다는 것입니다. 그만큼 이 책은 학위만을 위한 이론들에 매이지 않고, 실제 만남을 통해 겪은 상담 사례들을 뼈대로 합니다. 다음으로 저자는 사례에 대한 '실제적인 대안'을 제시합니다. 이 제안들은 통계 자료의 나열이 아니라, 성경에 최대한 성실하게 집중한 결과물입니다. 게다가 실제로 저자 자신이 어떻게 적용하고 있는지를 보여주고 있습니다. 이 책을 읽으면, Next 세대 Ministry에서 진행하는 '40일 밤에 뜨는 별' 기도회가 저자의 중독자들을 향한 깊은 사랑과 배려에서부터 비롯되었다는 사실도 확인할 수 있을 것입니다.

마지막으로 이 책은 '나눔 질문'을 통해 독자들이 서로 모여 함께 질문해보고, 고민해볼 수 있는 시간을 가지도록 배려하였습니다. 이런 차원에서 이 책은 혼자만 읽는 것이 아니라, 가족 구성원 각자가 한 권씩 소장하며 서로 정기적인 가족 모임이나 가정예배에서 읽어볼 것을 추천합니다. 교회에서도 청소년 및 청년들 모임에서 사역자들 및 교사 선생님들과 이 책을 함께 읽으며 서로 질문하고 다양한 생각을 공유한다면, 지금도 중독으로 힘들어하는 이들 중 한 영혼이라도 우리의 교회와 가정으로부터 선한 도움을 받을 수 있을 것입니다.

천한필 목사
예다임교회 담임목사, 『이단침투, 누구도 예외일 수 없다』 저자

성실함으로 다양한 영역을 연구하시는 김영한 목사님이 이번에 중독에 관한 책을 출간하셨습니다. 추천사를 쓰기 위해 원고를 받아 읽는 동안 중독에 대한 여러 생각들이 정리되며, 중독이 우리의 삶에 나타나는 원인을 이해하게 되었습니다. 무엇보다 이 책 『부모와 자녀가 함께 읽는 중독 이야기』는 그 해결 방안을 밝히고 있어서 매우 반가웠습니다. 이 책은 중독을 탈출하기 위하여 교회와 가정의 역할, 회복의 길로 가는 방향을 제시하고 있습니다.

중독은 혼자서 해결할 수 없는, 함께 이겨 나가야 하는 어려움입니다. 특히 다음 세대가 중독에서 벗어나는 회복의 길은 부모가 자녀 옆에서 함께하며 하나님 앞에 자신의 모든 것을 내려놓고 예배하는 것입니다. 중독은 우리의 생각보다 매우 가까이 있습니다. 그렇기에 교회 교육부서 사역

자, 교사, 학부모들은 꼭 이 책을 통하여 미리 우리의 자녀들을 점검하고 예방해야 하겠습니다. 중독 때문에 힘들어하는 가정들과 본인 혼자서 힘들어하고 있을 당신에게 이 책을 추천하는 바입니다. 중독에서 벗어나는 그 길을 함께 찾아가도록 이 책이 안내하고 있기 때문입니다.

정민교 목사
흰여울교회 담임목사, AL Ministry 대표, 『빛 가운데로 걸어가면』 저자

 이 책은 중독으로 아파하는 모든 이를 위한 CPR입니다. 저자는 중독 사역의 최전방에서 오랜 기간 활동한 전문가입니다. 그의 양 손에는 다양한 상담사례와 회복을 위한 전문 지식이 가득합니다. 첫 페이지부터 마지막 페이지까지 저자는 능숙한 손길로 독자의 맥을 정확히 짚습니다. 그는 환자가 놀라지 않도록 따스하게, 환자의 입장에서 쉽게 설명하는 집도의처럼 집필합니다, 이 책에서 저자의 CPR은 단계별로 구체화됩니다. 우선, Check, 진단 단계이다. 저자는 Part 1에서 중독의 위험성과 실제에 대해 이야기합니다. 이를 통해 독자는 자신의 상황을 정확히 진단할 수 있습니다. 다음으로, Plan, 처방 단계입니다. 저자는 Part 2와 3에서 중독 탈출을 위한 구체적인 처방전을 제시합니다. 특별히, 가정과 교회로 구분한 것은 이 책의 하이라이트입니다. 마지막으로, Restoration, 회복 단계입니다. 저자는 Part 4에서 회복을 유지할 수 있는 방법을 제시합니다.
 중독으로 고민하고 있다면, 이 책을 도저히 안 읽을 수 없습니다.

백상원 목사
오륜교회 교육국장, (사)꿈이있는미래 부소장

 인터넷과 스마트폰이 보급되면서 미디어 중독문제는 심각한 사회문제로 떠올랐습니다. 정부는 2,000년대 초반부터 중독문제를 대응하기 위해 노력해 왔지만, 청소년 중독자 수는 계속해서 늘어가는 현실입니다. 이런 상황 속에 이 책 『부모와 자녀가 함께 읽는 중독 이야기』는 중독문제에

빠진 다음세대를 구출하기 위해 필수적인 안내서입니다. 이 책은 중독에 빠진 다음세대를 사랑으로 돌보며 치유로 이끄는 저자의 지혜와 통찰을 담고 있습니다. 단순히 이론에 관한 이야기가 아니라 저자가 경험한 사례들을 중심으로 중독의 실체를 명확하게 인식하게 하고, 신앙적인 회복과 가정, 교회의 연계를 통해 어떻게 이 문제를 해결할 수 있는지 제안합니다. 또한 나눔 질문을 통해 이를 실천할 수 있도록 제시합니다. 자녀와 다음세대의 중독문제뿐만 아니라 중독에서 자유로울 수 없는 우리 모두에게 이 책을 추천합니다.

박호성 목사
CTS 교회협력국 컨퍼런스팀 팀장

주변의 많은 청소년이 중독에 빠져 사는 모습을 보게 됩니다. 그런데 아무도 그 모습을 중독이라고 말하지 않습니다. 그 이유는, 자신 또한 무엇인가에 중독된 삶을 살아가고 있기 때문일 것입니다. 이 책 『부모와 자녀가 함께 읽는 중독 이야기』는 자신에게 스며든 중독이 무엇인지를 자각하게 합니다. 뿐만 아니라 각기 다른 중독에 대한 실제적인 대안과 해법을 제시하고 있습니다. 저자는 이 책의 주 독자를 부모와 자녀라고 말하지만, 이 책은 목사, 주일학교 교사, 청년, 장년 등 현시대 다양한 바벨론에 빠져 허우적거리며 살아가는 이들에게 자유를 허락해 줄 것입니다.

천다니엘 목사
혜성교회 교육 디렉터, 마중물커뮤니티 대표

들어가는 말

"목사님, 너무 후회가 돼요."
"정말, 이렇게 될 줄은 몰랐어요."
"매일 전쟁이에요."

청소년뿐만 아니라 다 큰 자녀를 둔 부모님을 만나 보면, 극심한 후회를 호소하는 경우가 많다. 집회에 초청되어 메시지를 전할 때, 눈물을 흘리는 부모님을 자주 만난다. 그들은 자신이 중독에 너무 무지해서 자녀가 중독자가 되는 줄도 몰랐다며 가슴 아파한다. 애통하며 후회한다.

이스라엘 백성은 바벨론으로 끌려가 그곳에서 포로 생활을 했다. 오늘날도 다르지 않다. 현재 다음세대는 스스로 '미디어 바벨론', '도박 바벨론', '게임 바벨론', '마약 바벨론' 등에 빠져 중독의 노예로 살고 있다. 더 큰 문제는 정신을 차렸을 때, 이미 자신의 10대, 20대, 30대가 다 날아가 버렸다는 것이다. 아무리 후회해도 소용이 없다. 시간은 되돌릴 수 없다.

청소년 중독 문제는 오늘날 우리 사회가 직면한 가장 심각한 도전 중 하나이다. 빠르게 변화하는 디지털 환경과 미디어의 홍수로 인해 누구도 미디어 사용을 피할 수 없게 되었다. 하지만 이러한 미디어는 아직 자제력이 부족한 다음세대를 중독으로 이끌고, 전례 없이 다양한 중독에 노출시키고 있다.

청소년과 다음 세대가 중독에 빠지는 이유는, 중독자가 많아야 기업이 더 많은 이익을 얻기 때문이다. 결국 다음세대는 게임, 담배, 마약 등 다양한 중독에 빠지도록 유도 받는다. 의지가 약해서 중독에 빠지는 것이 아니다. 누군가의 이익을 위해 치밀하게 중독자를 양산하는 구조가 있고, 그 속에 다음세대가 빠지는 것이다.

한 기독교 학교의 부모 세미나에 초청받아 중독에 관한 이야기를 나눈 적이 있다. 그곳에서 "청소년들이 마약 중독에 빠지고 있습니다"라고 말하자 일부 부모님들이 웃는 모습이 보였다. 나는 심각하게 물었다. "왜 웃으셨어요?" 그분들은 자신의 자녀가 마약 중독에 빠질 리 없다고 말했다. 나는 정말 놀랐다. 청소년 자녀를 둔 부모들이 뉴스나 신문을 보지 않는 것처럼 보였다. 성경은 많이 읽을지 모르겠지만, 세상의 흐름을 제대로 파악하지 못하고 있는 듯했다.

예전 부모님들은 자녀에게 건강에 해로운 불량 식품을 먹지 말라고 경고했다. 이제는 불량 미디어, 불량 게임, 그리고 다양한 중독으로부터 자녀를 보호해야 한다. 21세기의 중독은 더욱 다양하고 복잡해지고 있다. 미디어, 성, 술, 마약, 도박 외에도 웹툰, 채팅, 음식, 스포츠, 심지어 생각지 못한 것에 중독될 수 있다. 중독의 종류가 셀 수 없을 정도로 많아졌기 때문이다.

중독된 사람은 중독된 것에만 반응하게 된다. 중독의 가장 무서운 점은 체력을 갉아먹고, 수면 패턴을 파괴한다는 점이다. 불규칙한 취침 시간과 기상 시간은 결국 불면증으로 이어지게 된다. 나중에는 자고 싶어도 잠을 잘 수 없고, 낮에는 피로에 시달리며, 밤에는 중독에 더욱 몰두하게 된다. 이러한 문제는 청소년들의 신체적, 정신적, 사회적 건강에 심각한 악영향을 미친다. 또한 가정과 공동체에도 깊은 상처를 남긴다.

청소년기는 정체성을 형성하고 미래를 준비하는 중요한 시기이다. 그러나 중독은 청소년이 인생의 방향을 잡지 못하게 한다. 방향을 잃은 청소년은 방황하게 되고, 방황은 방탕으로 이어진다. 결국 남는 것은 중독, 우울, 그리고 상처뿐이다.

사탄은 중독이라는 덫과 늪을 통해 다음 세대가 비전의 꽃을 피우지 못하게 한다. 중독자들은 가정에서 낙오되고, 학교와 교회 공동체로부터 멀어진다. 무엇보다도 하나님의 임재와 성령

충만을 누리지 못하고, 중독의 악순환 속에서 벗어나지 못하게 된다.

이 책은 청소년 상담을 하면서 겪은 경험을 바탕으로 중독 문제를 기술한 것이다. 많은 중독 관련 서적이 데이터와 현상 분석에 치우치는 경향이 있다. 그러나 이 책에서는 기독교적 대안을 제시하는 데 중점을 두고 있다.

중독의 위험성을 모르는 사람은 없다. 중독은 무엇보다도 조기 개입과 예방이 중요하다. 그렇다면, 실제적인 대안과 해법은 무엇일까? 이미 중독에 빠져 있거나, 심각한 중독 문제를 겪고 있는 사람들에게 이 책이 중독을 극복하는 실질적인 도움이 될 것이다.

> 2024년 10월
> 다음세대가 중독에서 자유하길 소망하며,
> 김영한

목차

추천사   4
들어가는 말   10

PART 1. 중독의 위험성과 실체

1. 중독의 실체 - 죄일까? 질병일까?   18
2. 성경을 통해 보는 중독자의 특징   30
3. 성경 속 중독자를 통해 보는 중독의 위험성   40

PART 2. 중독 탈출 - 가정의 역할

1. 일상생활에서 주의할 것   56
2. 가정적 예방과 치료를 위한 세 가지   70
3. 중독 훈련과 가정의 연계   88

PART 3. 중독 탈출 – 교회의 역할

1. 다음세대가 나아가야 할 곳　　104
2. 마땅히 해야 할 신앙적 케어　　112
3. 건강한 소그룹(1): 사랑만이 답인 공동체　　122
4. 건강한 소그룹(2): 12단계의 회복 프로그램　　130

PART 4. 중독, 이제 회복의 길로

1. 치료의 첫걸음, 중독의 시인과 의지　　142
2. 중독 예방을 위한 실질적 방법　　156
3. 건강한 자아를 형성하기 위한 방법　　166
4. 중독을 대체할 건전한 습관　　178
5. 회복케 하시는 하나님과의 만남　　186

나가는 말　　196

PART 1.
중독의 위험성과 실체

1. 중독의 실체 죄일까? 질병일까?

"목사님, 제 딸이 정신 병원에서 퇴원했었는데요, 최근에 다시 입원했어요. 집에서는 침을 흘리고 무기력하게 있어요. 그러다가 다시 중독에 빠져서 정신 병원에 들여보내 버렸어요. 정말 어떻게 해야 할지 모르겠어요…."

한 어머니가 상담을 요청했다. 그분의 딸은 특정 중독에 빠져서 심각한 시기에는 정신 병원에 입원하고는 했었다. 정신 병원에 입원했다가 퇴원한다고 해서 중독에서 치유되는 것이 아니었다. 입원과 퇴원을 반복했지만, 집으로 돌아오면 여전히 중독자로 돌아가기 일쑤였다.

중독에서 벗어나 자유를 찾으려면 어떻게 해야 할까?

먼저 중독에 관해 잘 알아야 한다. 『손자병법』에 "지피지기(知彼知己)면 백전불태(百戰不殆)"라는 말이 있다. "적을 알고, 나를 알면, 백 번을 전쟁해도 위태롭지 않다"라는 뜻이다. 이처럼 중독의 실체를 알아야 한다. 무엇보다 중독이 '단순 질병'인지, 혹 '죄'인지 이해해야 한다. 이 책을 읽는 당신은 어떻게 생각하는가? "중독은 죄일까? 질병일까?" 여전히 기독교계에서는 중독이 죄인지 혹 질병인지 상당히 의견이 분분하고 혼란이 있기도 하다. 그러나 일반적으로 죄인 동시에 질병이라는 견해가 받아들여지고 있다. 중독을 단순 질병으로 보느냐, 영적인 죄로 보느냐에 따라 접근 방법과 대안이 달라질 수 있기 때문에 이는 매우 중요한 문제이다.

『중독의 성경적 이해』의 저자 에드워드 웰치는 중독을 질병으로만 볼 것인지 아니면 죄로도 볼 것인지에 대해 설명하며 긴 챕터를 할애한다. 그는 중독을 이렇게 보았다.

"일반적으로 사람들은 중독을 치료해야 할 질병으로 본다. 하지만 더 깊숙이 들어가면, 중독의 원인은 인간 내면의 죄성으로 인한 것이다. 따라서 궁극적인 치료는 질병처럼 약물로 되는 것이 아니다. 더 근본적인 영적 치료가 필요하다."

그렇다! 중독은 죄의 노예가 되는 것이다. 사탄은 중독의 늪과 덫으로 하나님의 백성을 묶는다. 서서히 하나님을 외면하게 한다. 하나님을 찾거나, 예배할 수 없게 만든다. 결국, 하나님을 떠나고 점점 더 중독에 빠져 피폐하게 만든다. 하나님은 중독자가 어떻게 되기를 원하는가? 믿는 자의 금식과 기도를 통해서 중독의 덫에서 풀려나고, 자유롭게 되기를 원하신다.

"내가 기뻐하는 금식은 흉악의 결박을 풀어 주며 멍에의 줄을 끌러 주며 압제 당하는 자를 자유하게 하며 모든 멍에를 꺾는 것이 아니겠느냐"(사 58:6)

중독자는 중독으로 인해 즐겁고 행복한 것처럼 보이지만 실제로는 그렇지 않다. 한 남자 청년과 상담을 했다. 그는 현재 성 중독에 빠져 있음을 고백했다. 교회에서 청년

회장을 도맡아 하고, 교회 사역에도 앞장서는 청년이었다. 누가 보아도 믿음 좋고 신실해 보이는 청년이었지만, 교회 밖에서는 성 중독에 빠져 허우적거리고 있었다.

"교회 일정을 마치고 집에 와서 음란물을 보고 있는 제 모습을 보면 참을 수 없는 죄책감과 부끄러움이 몰아쳐요. 그런데 멈출 수가 없어요. 교회에 가는 것도 죄책감이 들어요."

이와 같은 중독자의 특징인 죄책감과 수치심은 중독 상태를 더 감추고 숨기게 한다. 그러다가 결국 하나님을 멀리하게 되는 지경까지 이르게 한다. 이런 점에서 중독을 단순히 질병으로 볼 수 없다. 중독이 영적인 죄에서 비롯되는 것임을 간과해서는 안 된다.

중독을 죄의 문제로 다룰 때, 탕자의 비유에서 치료의 힌트를 얻을 수 있다. 아버지께 큰 죄를 지은 탕자는 결국 아버지께로 돌아왔지만, 죄책감이 그를 사로잡으려 했다. 그럼에도 아버지께 돌아갔기에 회복을 얻었다.

중독에 빠진 자들은 대개 하나님을 두려운 존재로 이해한다. 자신이 더 다가갈 수 없는 존재로 여긴다. 그러나 하나님은 죄로 인해 더러워진 우리와 함께하고 싶어 하신다. 그래서 자신의 독생자 예수님을 죽음의 자리로 보내셨다. 그분의 사랑을 기억하고, 돌아와야 한다. 죄책감은 하나님께서 기뻐하시는 마음이 아니다. 주님은 자신을 찾고, 더 찾는 자를 기뻐하신다.

그렇기에 중독자가 하나님을 인격적으로 만나게 해야 한다. 여기서 "만나게 해야 한다"라는 표현은 수동태이다. 중독자는 스스로 하나님을 찾아 나서거나, 자신의 노력과 힘만으로 중독에서 나오기 쉽지 않다. '줄탁동시'(啐啄同時)라는 사자성어가 있다. 병아리가 알에서 나올 때, 밖에서 어미가 알을 쪼아 주어야 병아리가 알을 깨고 나오기 쉽다는 뜻이다. 중독도 그러하다. 누군가 중독자를 하나님께 나오도록 기도해 주고 도움을 주어야 한다.

중독자를 어떻게 회복시킬 수 있을까?

일반적으로 사회 의료 기관을 통해 중독을 치료한다. 그러나 사회 치료는 회복률을 70%가량으로 본다. 사회 치료는 중독에 관한 강의를 듣고, 세미나에 참석하고, 상담을 받고, 공동체 안 소그룹을 통해 중독에서 벗어나 회복하도록 한다. 그러나 미국의 베델 중독 치유 회복 센터, 캐나다의 와그너 힐 중독 치유 회복 센터에서는 90% 이상의 회복률을 보인다. 이 센터들은 예배와 함께 치유를 도모한다. 이 말은 중독자가 건강한 공동체 안에서 배려받으며 하나님께 예배드릴 때 더 빨리 회복할 수 있다는 뜻이다.

중독자는 탕자처럼 방황하며 방탕한 삶을 살고 있더라도, 언제든 다시 주님께 돌아오면 된다. 중독의 문제를 죄로 인한 것으로 보았을 때, 중독으로부터의 회복이란 인간의 의지와 노력으로 가능하지 않다. 인간 스스로 죄의 문제를 해결할 수 없듯 중독도 그렇다. 오직 하나님께서 우리를 위하여 일하실 때 전적으로 가능하다.

교회 안 중독자들

요즘 교회에 청소년이 보이지 않는다. 이는 중독률의 증가와 무관하지 않다고 본다. 중독은 한두 가지 방법으로 쉽게 치료할 수 있는 것이 아니다. 그래서 중독의 예방과 치료는 동시다발적으로 다양하게 진행이 되어야 한다. 중독에 빠지게 된 원인과 경위가 다양하듯 치료도 다양해야 한다. 얼마나 많은 중독자가 교회 안에 있는가? 우리나라의 중독자가 천만 명 이상이니, 교회 안에도 최소 수백만 명이 있다고 봐야 할 것이다.

2021년 한국지능정보사회진흥원(NIA)의 연구에 따르면, 인터넷 중독 위험군의 비율은 청소년이 약 4.1%이고, 성인이 약 5.8%라고 한다. 이를 바탕으로 전체 인구를 기준으로 대략적인 수치를 계산할 수 있다. 예를 들어, 한국의 청소년 인구가 약 600만 명이고, 성인 인구가 약 4,000만 명이라고 가정하면, 청소년 중독 위험군의 수는 약 246,000명이며, 성인 중독 위험군의 수는 약 2,320,000명이다. 따라서 한국에서 인터넷 중독 위험군에 속하는 청소년과 성인은 대략 2,566,000명에 이를 것으로 추정된다.

5대 중독(인터넷과 스마트폰 중독, 도박 중독, 알코올 중독, 성 중독, 마약 중독)에 빠지는 사람은 매년 증가하는 추세다. 우리 주위에 중독자가 없는 것 같지만, 그렇지 않다. 평범해 보이는 나의 가족, 나의 친구, 나의 동료가 중독에 빠져 있다. 중독으로 우울한 자들은 날이 갈수록 늘고 있다. 중독의 끝은 우울증이다. 삶의 의미를 잃어버린다. 삶의 의미를 잃어버린 자는 자살을 시도하기도 한다.

인터넷과 스마트폰 중독자	236만 명
알코올 중독자	210만 명
도박 중독자	237만 명
성 중독자	200만 명
마약 중독자	53만 명

출처: 국립정신건강센터(2023년 중독 주요 지표 모음집)

몇 년 전, 자살을 시도하여 병원에 입원하게 된 미지와 상담을 진행했다. 미지는 오랜 시간 학교 친구들에게 따돌림을 당했다. 그런데 자신을 따돌리는 친구들을 원망하거나, 친구들이 잘못된 것이라는 생각이 들지 않았다. 못생긴 외모로 괴롭힘을 당할 수밖에 없는 자신에게 잘못이 있다는 생각이 들었다. 점점 자신이 밉고 싫어진 미지는 자해를 시작했다. 처음에는 손톱으로 손목을 긁었고, 그다음엔 커터 칼로 그었다. 시간이 지나 그 정도로는 자극이 되지 않아 주사기를 구입해 피를 뽑는 사혈 자해까지 하게 되었다. 그러던 중 극도의 우울감이 찾아온 날 칼로 손목을 깊게 그어 죽음의 문턱까지 이른 적도 있었다. 간신히 목숨을 구했지만, 미지의 괴로움은 사라지지 않았다. 미지는 여전히 치료를 받으며 건강한 자아를 찾기 위해 노력하고 있다. 이처럼 중독의 끝이 자살로 이어지는 경우가 비일비재함을 인식해야 한다.

우리나라는 OECD 국가 중 자살률 1위이다. 2013년부터 2016년 동안 1위 자리를 지켰고, 2017년 잠깐 2위를 했다가 2018년부터 다시 1위를 차지하고 있다. 하루에 약 33명 이상이 죽어가고 있는데, 이를 계산해 보면 한 달에 약 1천 명, 1년이면 약 1만 2천 명 정도이다. 중독과 우울함이 대한민국을 강타하고 있다. 다음세대를 중독과 우울에서 어떻게 보호하고 건져 낼 수 있을까? 공부 잘하고, 교회만 왔다 갔다 하면 될까? 아니다! 바른 신앙 교육을 통해 하나님의 존재를 알려 주어야 한다.

어떤 사람들은 중독자들을 못 본 체 방관한다. 어떤 사람들은 걸림돌이라는 듯 치우려 한다. 또 어떤 사람들은 암적인 존재로 치부한다. 그러나 병들고 상처 입은 중독자들을 정죄하기만 해서는 안 된다. 그 중독자들을 거부하고, 외면해서도 안 된다. 교회 공동체가 사랑의 공동체라면, 선한 사마리아 사람처럼 케어해 주어야 한다. 즉, 중독자에게 연민을 느끼고, 마치 선한 사마리아 사람이 강도 만난 사람의 상처를 기름과 포도주로 싸매어 주었듯, 교회 식구들은 중독자를 외면하고 거절하거나 비판하지 말고, 사랑으로 보살펴 주어야 한다.

중독자 스스로의 노력은 필요 없을까?

중독을 질병으로도 볼 수 있는 이유는, 문제를 깨달은 즉시 치료를 받고 스스로 벗어나려는 인간적 노력도 필요하기 때문이다. 성경적 상담학자 제이 아담스는 『사람을 변화시키는 성경의 힘』이라는 책에서 상담을 받는 자에게 생각과 행동, 성품과 인격, 습관 등의 변화가 일어나야 한다고 말했다. 중독자는 실제로 옛 습관을 버리고 새로운 습관을 입으려고 해야 한다. 마치 성화의 과정을 밟듯이 말이다. 성경도 우리가 더러운 옛 습관을 버려야 한다고 한다.

> "너희는 유혹의 욕심을 따라 썩어져 가는 구습을 따르는 옛 사람을 벗어 버리고"(엡 4:22)

그러나 하나님을 인격적으로 알지 못하면, 이 또한 불가능하다. 탕자가 아버지의 사랑과 인자하심을 인격적으로 경험했기에 죄의 자리를 뒤로하고, 아버지께로 향했던 것처럼 말이다.

1. 이번 챕터에서 배우고 느낀 것은 무엇인가요?

2. 중독을 단순한 질병으로 봐야 할까요, 혹은 죄로도 보아야 할까요?

3. 중독으로 인한 죄책감과 수치심은 중독자와 하나님의 사이를 어떻게 멀어지게 할까요?

4. 내가 선한 사마리아인이 되어 돌보아야 할 이웃은 누구인가요?

5. 내가 벗어나야 할 옛 사람과 구습은 무엇인가요?

2. 성경을 통해 보는 중독자의 특징

"제가 알코올 중독에 빠진 뒤로 부모님과 남동생은 저와 같이 밥도 먹지 않아요. 말을 걸어도 시큰둥하고, 어떤 날은 눈도 마주치지 않으려 해요. 술에서 빠져나온 지 5년이 지났는데, 얼마 전부터 다시 술에 빠져 살고 있어요…."

식당에서 수진이와 밥을 먹고 있었다. 그런데 수진이가 갑자기 자신의 삶을 이야기하면서 하염없이 울기 시작했다. 카페로 자리를 옮겨 자세히 이야기를 들어 보기로 했다. 수진이는 5년간 알코올 중독자였다가 술을 끊었었는데, 최근 다시 알코올 중독자로 살고 있다고 고백했다. 가장 큰 이유는 부모님과 남동생이 자신과 밥도 먹지 않고, 집에서 눈도 마주쳐 주지 않기 때문이었다. 수진이는 가족으로부터 받은 소외감과 외로움에 다시 술을 찾기 시작했고, 중독자의 삶으로 돌아가게 되었다. 왜 그렇게 되었을까? 수진이가 알코올 중독으로 살았던 5년 동안 술을 마시고 택시를 타고 집에 왔을 때, 매번 택시비를 내주고 방까지 업고 데려다준 것은 가족이었다. 그러던 수진이가 마침

내 술을 끊게 되었지만, 5년 동안 중독자 생활을 했던 수진이를 케어하느라 가족은 큰 고생과 희생을 할 수밖에 없었다. 그동안 가족은 큰 상처를 받았고, 수진이가 중독에서 나왔음에도 따뜻하게 품어 줄 마음의 여유가 없었다.

중독의 예방과 회복은 중독이 사랑하는 사람들에게 어떤 영향을 미치는지 알면 도움이 된다. 중독은 중독자뿐만 아니라 사랑하는 가족과 주위 사람들에게도 악영향을 준다. 유다서 1장 12-13절에 기록된 중독의 삶을 통해 중독자의 특징을 살펴볼 수 있다.

> "애찬에 암초요 자기 몸만 기르는 목자요 바람에 불려가는 물 없는 구름이요 죽고 또 죽어 뿌리까지 뽑힌 열매 없는 가을 나무요 자기 수치의 거품을 뿜는 바다의 거친 물결이요 영원히 예비된 캄캄한 흑암으로 돌아갈 유리하는 별들이라"

성경을 통해 보는
중독자의 특징

1) 애찬의 암초

 배는 암초와 마주치면 난파를 당하고 만다. 중독자는 이러한 암초와 같은 존재다. 자신만 괴롭히는 게 아니라 가족, 친구 등 마주하는 주변 사람들까지 함께 무너뜨린다. 관계를 난파시키고 마는 것이다. 앞서 이야기한 수진이의 경우를 예로 들 수 있다. 수진이는 알코올 중독으로 자신만 망가뜨린 것이 아니었다. 5년이라는 긴 시간 동안 가족의 몸과 마음까지 피폐하게 만들었다. 결국 수진이와 가족은 관계가 멀어지고 말았으며, 수진이는 다시금 중독에 빠지게 되었다. 다시 중독에 빠진 수진이를 이미 관계가 틀어진 가족이 이해해 줄 수 있을까? 수진이와 가족의 관계는 더 멀어질 것이며, 시간이 지날수록 돌이키기가 점점 더 힘들어질 것이다. 한번 멀어지고 깨어진 관계는 다시 세우기가 매우 어렵다. 자신의 중독이 암초임을 느꼈다면 그때 즉시 주변을 돌아보고 돌이켜 중독의 행위를 멈추어야 한다.

2) 자기 몸만 기르는 목자

두 번째 특징은 '자기 몸만 기르는 목자'와 같다는 것이다. 중독에 빠진 사람은 중독된 것에만 반응하며 자녀, 부모 등을 돌보는 역할을 다하지 않는다. 평소에 힘이 없어 보이다가도 술, 게임, 도박을 하는 순간 모든 뇌 신경과 몸이 살아난다. 돈, 시간, 에너지를 중독된 것에 다 쏟아 버린다. 중독된 것에만 이기적으로 반응하기에 중독이 무서운 것이다.

우리의 몸은 중독에 익숙해지면 두 가지 특징을 보인다. 바로, '내성'과 '금단 현상'이다.

먼저 내성은 익숙함에서 온다. 게임, 미디어, 스마트폰을 처음엔 30분만 해도 도파민이 쏟아진다. 나중엔 한두 시간이 아니라 10시간을 해야 만족한다. 처음에 느꼈던 도파민을 느끼려면 그 이상의 자극이 있어야 하기 때문이다. 그러다 보니 도파민이라는 쾌락 호르몬을 느끼는 데에만 온 신경을 쏟고 집중하며 다른 일은 신경 쓰지 못한다.

또한 금단 현상이 일어난다. 금단 현상은 의존하던 무언가를 그만두었을 때 느끼는 초조함과 불안함, 공허함을 말한다. 금단 현상 때문에 중독을 끊지 못하며, 끊임없이 중독의 행위를 반복하게 된다. 중독은 빠져나오는 데 오랜 시간이 걸리기 때문에 단발성, 일회적인 예배와 집회로 해결하기가 쉽지 않다. 중독의 절제는 21일 이상의 패턴을 유지해 주어야 한다.

그래서 Next 세대 Ministry에서는 중독자들을 위해 매년 40일간 밤 8시에 '40일 밤에 뜨는 별' 기도 집회를 진행한다. 중독자들은 대개 밤에 활동을 하기 때문에 밤 8시부터 10시까지 집회를 기획하고 진행하고 있다. 40일 동안 2시간의 예배를 드리는데, 누군가는 이 시간에 다음세대가 공부를 해야 하지 않겠냐고 묻기도 한다. 그러나 중독된 아이들은 이미 중독 행위에 그 시간을 쓰고 있다. 금단 현상을 바로잡지 않으면, 1-2년이 아닌 10년, 훨씬 더 많은 시간을 낭비하게 될 수 있다. 지금은 어떤 것에 우선순위를 두고 살아가야 하는지 알 수 있도록 예배하고, 내성과 금단 현상이 일어나지 않도록 중독을 잡아야 한다.

3) 바람에 불려 가는 물 없는 구름

중독자는 물 없는 구름처럼 모양은 있지만, 그 안에 알맹이가 없다. 하나님을 바라보지 못하기에 인생이 허무하고, 인생을 헛된 것으로 채우기에 손에 잡히는 것도, 남는 것도 없다. 허무함과 허망함만 남은 인생이 되어, 심각한 경우에는 인생을 포기하기에 이를 수 있다. 모든 것을 탕진한 중독자는 결국 허무해진다. 사탄이 이 시대를 꽉 잡은 것이 중독이라는 체인이다. 중독은 늪과 같아서 허우적거릴수록 더욱 깊이 빠진다. 중독은 덫과 같다. 덫은 걸린다고 해서 바로 죽는 게 아니다. 덫에 매여 서서히, 천천히 피를 흘리며 생명을 빼앗긴다. 중독에 걸려도 바로 죽지 않기 때문에 심각성을 깨닫기란 쉽지 않다. 그런데 회복이 안 된다. 서서히 생명을 빼앗는 것이 사탄의 전략이다.

4) 뿌리까지 뽑힌 열매 없는 가을 나무

중독자는 공부에 열매가 없고, 친구를 만나도 관계의 열매가 없으며, 무슨 일을 하든 성과가 없다. 중독에 빠지면 열매 없는 가을 나무가 되기 때문에 무엇을 하든 제대로 집중하지 못한다. 가을에는 열매를 맺는 것이 건강한 나무이다. 가을이 되었음에도 열매를 맺지 못한다면, 그 나무는 생명이 없는 것이나 마찬가지이다. 인생 역시 이와 같다. 인생의 열매를 맺어야 할 시기에 열매가 없다면, 그 인생은 생명이 없는 것과 마찬가지이다. 그러한 인생은 결국 우울을 맞이할 것이다. 중독 행위에 집중하면 생산적인 활동을 하지 못하고, 결국 열매 없는 가을 나무처럼 처량함을 경험하게 된다. 그래서 부모가 중독에 걸리면 자녀가 비참해지고, 자녀가 중독에 걸리면 부모가 처참해진다. 중독자의 가정에서 중독자가 양산된다. 보기 싫지만, 중독에 빠진 가족의 모습을 매일 보고 들으면서 자신도 모르게 빨려 들어가는 것이다.

5) 거친 물결

중독에 빠지면 거친 물결이 되어서 자신을 파멸시키고 죽이며 다른 사람까지 가라앉게 만든다. 중독의 물질이나 행위를 보면 나쁜 게 아니다. 하나님이 주신 오락과 물질은 적절히 사용하면 득이 된다. 하나님이 주신 선물이다. 그러나 그것을 제 위치에 놓지 않을 때 문제가 된다. 제자리에 있어야 할 것을 더 위로 올려 우상으로 삼기 때문이다. 태양, 곰, 독수리를 더 높게 생각하여 우상 숭배의 대상이 된 것이다. 중독도 과다하게 사용하기에 거친 물결이 되어서 사람을 죽인다. 거친 물결이 되지 않도록, 생명을 살리는 물의 역할을 할 수 있도록 해야 한다. 하나님이 원하시는 위치에 있어야만 우리가 살 수 있다.

6) 흑암으로 돌아갈 유리하는 별들

사람은 방향성이 없으면 방황하게 되고, 방황하면 방탕하게 되고 중독자가 된다. 다음세대가 중독에 빠지는 이유 중 하나는 비전이 없기 때문이다. 무엇을 해야 할지 모르기에 중독의 분위기에 휩쓸려 버린다. 후회하고 돌이키려 할 땐 이미 시간을 허비한 후이다. 비전은 방향성이다. 중독은 갈 방향을 잃어버리게 만들어서 유리하는 별이 되게 한다. 중독되지 않은 사람은 역할과 비전과 소망과 부르심을 알고 달려간다. 비전을 받은 사람은 하나님께 어떻게 드릴지를 고민하지만, 중독자는 자신의 예산과 에너지를 어떻게 더 쾌락을 위해서 쓸까를 고민한다. 어떤 방향성으로 에너지를 쓰냐에 따라서 중독이냐, 비전이냐가 갈라진다.

톰 라이트는 『이것이 복음이다』에서 '복음은 하나님의 나라가 현재 우리 삶에 들어와서 일어났던 일이 나의 현재의 삶에 영향을 주는 것'이라고 했다. 복음을 가진 사람, 하나님의 비전을 받은 사람은 현재의 삶에 다가올 미래가 무엇인지 알고 감사하면서 하루를 산다는 뜻이다.

비전의 사람은 새벽부터 밤늦게까지 비전으로 인해 가슴 뛰는 인생을 살지만, 중독자는 새벽부터 밤늦게까지 어떻게 해야 도파민이 쏟아질까만 생각하면서 산다. 이러한 인생은 결국 하나님의 뜻과 멀어져 내성과 금단 현상으로 점점 더 강력한 중독 행위를 요구하며 쳇바퀴 속에서 살아갈 것이다.

1. 이번 챕터에서 배우고 느낀 것은 무엇인가요?

2. 타인의 중독 때문에 힘들었던 경험이 있나요? 그때 어떻게 돕고 극복했나요?

3. 중독자가 주변 사람들에게 미치는 영향은 무엇인가요?

4. 중독자의 내성과 금단 현상은 무엇이고, 그것이 왜 문제인가요?

5. 나의 가슴을 뛰게 하는 비전은 무엇인가요?

3. 성경 속 중독자를 통해 보는 중독의 위험성

"저희 아버지는 알코올 중독자였어요. 어릴 때부터 아버지가 술 마시는 것을 보고 자랐어요. 저는 정말 술을 증오하고 싫어했어요. 그런데 청소년기 때부터 저도 모르게 술을 마시게 되었어요. 지금은 아버지처럼 인생을 사는 것 같아서 이런 제 모습이 너무 싫어요. 그런데 벗어나기가 너무 힘들어요."

중독자 부모를 둔 자녀들은 그렇게 싫어하던 부모님과 비슷한 삶을 살기도 한다. 우리는 중독자의 잘못을 답습하거나, 닮아 가지 않아야 한다. 특별히 성경은 우리가 어떤 중독자를 경계해야 한다고 말할까?

유다서 1장 11-13절에는 다양한 중독자가 나온다. 유다서는 하나님의 사랑 안에서 자신을 지키지 못한 세 사람을 언급한다. 가인과 발람 그리고 고라이다.

"화 있을진저 이 사람들이여, 가인의 길에 행하였으며 삯을 위하여 발람의 어그러진 길로 몰려 갔으며 고라의 패역을 따라 멸망을 받았도다"(유 1:11)

흥미롭게도 이들은 하나님을 알고, 하나님을 만난 사람들이었다. 그러나 모두 불행하게 인생을 마감했다. 그들을 살펴보면서 우리는 어떤 중독을 조심해야 할지 알아 갈 수 있다.

성경 속 중독자들

1) 자기애 중독자, 가인

첫 번째 중독자는 가인이다. 언뜻 가인은 그저 분노를 조절하지 못했던 것으로 보이지만, 다양한 중독의 증상을 가지고 있었다.

먼저 가인은 아주 교만하고 자만하였다. 자신만 사랑하고, 자기중심적으로 생각하는 '자기애 증후군'을 가지고 있었다. "교만? 자만? 그게 뭐 어때서요? 자신을 사랑하지 않는 것보다는 낫잖아요"라고 말하는 사람이 있을지도 모르겠다. 그러나 남을 멸시하고, 누구보다 자신이 더 존귀해야 한다는 사고가 심해지면 자기애에 빠지게 된다. 자기애에 빠지면 타인의 생명을 경시하고 서서히 정신적, 심리적으로 병들어 버린다. 가인은 하나님이 아벨의 제사를 받고, 자신의 제사를 받지 않으시자 '내 것은 안 받고 아벨의 것은 받으시네!' 하고 분노하였다. 물론 그렇게 생각할 수는 있다. 여기서 잘못된 것은, 가인은 자신의 잘못을 돌아보지 않고, 분노의 원인을 아벨에게로 돌렸다는 점이다. 그는 자신의 잘못을 돌이켜 보아야 할 시점에 아벨에게로 시선을 돌렸다. 그리고 엉뚱하게도 아벨을 향한 증오심에 빠졌다. 결국 폭언과 폭력을 행사하였으며 살해까지 하고 말았다. 그뿐만 아니라 가인은 하나님께도 "하나님! 내가 내 동생을 돌보는 자입니까?"라며 겸손하지 못한 자세로 도전하였다.

폭언이 쌓이면 폭력적인 성향으로 변한다. 지적으로 그리고 심적으로 살인을 하게 되고, 마침내 불행하게도 육체적 살인으로까지 이어진다. 중독은 고구마 줄기처럼 엮여 있다. 폭언, 폭력, 살인은 연결되어 있다. 이런 사람은 거짓말을 아주 쉽게 한다. 거짓말을 하는 허언증, 즉 '리플리 증후군'에 빠지면 자신이 다 옳으며, 자신의 말이라면 거짓말까지 사실이라고 믿어 버린다. 그래서 아무런 죄책감이 없다.

한 방송에 보도된 일이다. 유명한 바이올리니스트가 잘나가는 의사와 결혼했다. 그런데 결혼 후 시어머니는 며느리에게서 수상함을 느꼈다. 제작진은 이 가족을 촬영하며 관찰하였는데, 얼마 가지 않아 충격적인 사실이 드러났다. 여성이 외국 대학을 졸업했다는 것도, 유명 바이올린 콩쿠르에서 수상했다는 것도 거짓이었다. 며느리의 친정에 가

보니 그녀가 낳았다는 6세 자녀까지 있었다. 심지어 의사 남편 외에도 다른 남성과 만남을 가지고 있었다. 그에게는 외국에서 공부하고 학원을 운영하는 학원장이라고 자신을 소개했고, 바이올린을 사야 하는데 학원이 어렵다며 4천만 원을 빌렸으며, 이후에 돈이 더 필요하다고 3천만 원을 뜯어냈다. 시어머니는 며느리를 사기죄로 신고했고, 며느리는 체포된 이후에도 계속 자신의 말이 옳다고 주장했다. 오히려 자기가 시어머니의 사주로 납치된 적이 있다고 말했다. 하지만 모든 것이 자작극이었다. 남편은 아내에게 어떻게 이럴 수 있냐고, 곧바로 헤어지자고 하였다. 여자는 이혼 도장을 찍어줄 테니 강변의 한 장소로 나오라고 하였다. 그런데 약속한 시간, 장소에 아내는 나오지 않았다.

수상하게 여긴 촬영팀이 그곳에 찾아가 보니 괴한들에게 납치된 남편이 차 안에서 얻어맞고 있었다. 촬영팀이 나서서 간신히 남편을 구했으나 이미 실신한 상태였다. 이후 여성을 추궁하자, 자신은 그런 일을 꾸민 적이 없다며 오리발을 내밀었다. 약속 장소로 오라고 했지, 폭력을 지시하거나 사주한 적이 없다고 말했다. 여성의 행동은 전형적인 리플리 증후군이다. 거짓말을 지속하면 나중에는 거짓말인지 진짜인지 모르게 된다. 거짓말을 감추기 위해서 폭력을 행사하거나 살인을 하기도 한다.

중독자의 착각이 있다. 예를 들어, 알코올 중독자 대부분은 자신이 술을 조절할 수 있다고 이야기한다. 술을 많이 마시지도 않고, 특별히 남에게 피해를 끼친 것도 없으니 자신은 절대로 중독이 아니라고 한다. 이런 생각으로 남을 속이고 자신도 속인다. 중독자는 감정조절에 어려움을 느끼고 자존감이 낮아 쉽게 화를 낸다. 반대로 자신의 잘못에 대해서는 쉽게 자책하면서 우울감을 느낀다. 중독자들이 우울증에 많이 걸리는 이유다. 가인처럼 자기애 증후군이 있는 자는 자신이 원하는 대로 되지 않으면 견디지 못한다. 그러나 우리는 항상 자신보다 남을 낮게 여기는 마음을 가져야 한다. 바울은 이렇게 권면한다.

> "아무 일에든지 다툼이나 허영으로 하지 말고 오직 겸손한 마음으로 각각 자기보다 남을 낮게 여기고 각각 자기 일을 돌볼뿐더러 또한 각각 다른 사람들의 일을 돌보아 나의 기쁨을 충만하게 하라"(빌 2:3-4)

2) 재물 중독자, 발람

발람은 물질에 중독된 거짓 선지자였다(민 22-24장). 모압 왕 발락이 낙타에 은금 보화를 실어 선지자 발람에게 보내며, 이스라엘을 저주해 주면 은금 보화를 주겠다고 하였다. 그러나 여호와 하나님이 저주하지 말라고 하셔서 그렇게 하지 못했다.

그런데 다시 사신들이 더 많은 은금을 싣고 왔다. 발람은 보물에 마음이 끌렸다. 그래서 밤을 지새 하나님께 기도해 보겠다고 했다. 하나님은 다시 저주하지 말라고 하셨지만, 발람은 물질을 얻고자 하는 마음을 버리지 못하고 발락의 사신들을 따라갔다. 하나님의 사자가 앞에 선 것을 보고 나귀가 입을 열어 발람을 꾸짖지만, 여전히 그는 발락의 사신들을 따라갔다.

하나님은 바알 산당과 비스가 산을 기점으로 해서 네 번 말씀해 주셨다. 그때마다 하나님은 '저주하면 안 된다! 축복하라!'라고 하셨다. 네 번 중 한 번이라도 저주하면 보화를 얻을 수 있었지만, 하나님이 저주하지 못하도록 하셨다. 그때 발람이 꾀를 내었다. 어떻게 이스라엘 백성을 망하게 할 수 있는지 발락에게 살며시 알려 준 것이다. 발락은 이스라엘의 족장들과 제사장들을 데리고 이방 신들의 제의를 보도록 하였다.

당시 이방 신들에게 하는 제의는 성적 행음이었다. 이방인들은 바알과 아세라 신들 앞에서의 행음을 통해 신들의 마음을 기쁘게 하고, 다산의 결과를 가져온다고 믿었다.

신전들에는 남창과 여창이 수없이 많았다. 행음의 장면을 본 이스라엘은 음란에 빠졌다. 발람은 이스라엘 백성을 성적 쾌락의 중독으로 이끌었고, 여호와의 진노를 받게 하였다. 이스라엘 백성 2만 4천 명이나 죽고 두령들은 목매달려 죽었다.

> "이스라엘이 싯딤에 머물러 있더니 그 백성이 모압 여자들과 음행하기를 시작하니라 그 여자들이 자기 신들에게 제사할 때에 이스라엘 백성을 청하매 백성이 먹고 그들의 신들에게 절하므로 이스라엘이 바알브올에게 가담한지라 여호와께서 이스라엘에게 진노하시니라 여호와께서 모세에게 이르시되 백성의 수령들을 잡아 태양을 향하여 여호와 앞에 목매어 달라 그리하면 여호와의 진노가 이스라엘에게서 떠나리라 모세가 이스라엘 재판관들에게 이르되 너희는 각각 바알브올에게 가담한 사람들을 죽이라 하니라"(민 25:1-5)

물질주의에 빠진 발람은 이스라엘 백성이 이방 신들의 제의에 동참하도록 만들었다(민 31:16). 물질을 지나치게 사랑하여 도박 행위에 빠져 있다면 발람의 길을 가고 있는 것이다. 복권과 로또도 그렇다. 왜 복권과 로또가 안 좋은 것일까? 하나님은 한 번도 성경을 통해 벼락부자가 되라고 말씀하지 않으셨다. 땀을 흘리고 눈물로 씨를 뿌리는 자가 기쁨으로 단을 거둔다고 하셨다. 하나님은 한 번도 일확천금을 위해서 기도하라고 말씀하지 않으셨다.

기독교중독연구소의 유성필 소장은 신실한 신학생이자 그리스도인이었으나, 어느 날 도박 중독에 빠지게 되었다. 결혼할 때 이미 도박으로 1억 5천만 원의 빚을 졌을 정도였다. 도박으로 인생을 날린 것이다. 특히, 스포츠 도박인 토토에 빠져 인생을 망쳤다. 한번 도박에 빠지니 나오기가 쉽지 않았다고 한다. 그러나 현재 유 소장은 도박 중독의 피폐함에서 벗어나 다른 중독자를 구하려고 헌신하고 있다.

거짓의 소리에 귀를 기울여 물질적 탐욕에 빠져서는 안 된다. 발람 선지자가 추구했던 길로 들어서면 안 된다. 예수님도 사탄에게 절하면 모든 것을 주겠다고 시험을 받으셨다. 그러나 예수님은 물질의 유혹에 넘어가지 않으셨다.

3) 망상 장애자, 고라

민수기 16장을 보면 고라는 다단과 아비람과 짝을 지었다. 그리고 모세를 대항해 이렇게 말하였다. "우리가 모세보다 못한 것이 뭐가 있어? 하나님이 모세와만 이야기하셨나? 우리와도 함께해 주시는데!" 자신들도 지도자의 자격이 있는 사람이라고 생각했다. 모세보다 더 나은 면도 있다는 망상에 빠졌다. 그러나 하나님은 리더십에 반감을 갖고, 순종하지 않은 고라와 그를 따랐던 무리를 심판하셨다.

> "땅이 그 입을 열어 그들과 그들의 집과 고라에게 속한 모든 사람과 그들의 재물을 삼키매 그들과 그의 모든 재물이 산 채로 스올에 빠지며 땅이 그 위에 덮이니 그들이 회중 가운데서 망하니라 그 주위에 있는 온 이스라엘이 그들의 부르짖음을 듣고 도망하며 이르되 땅이 우리도 삼킬까 두렵다 하였고 여호와께로부터 불이 나와서 분향하는 이백오십 명을 불살랐더라"(민 16:32-35)

망상에는 크게 다섯 가지 유형이 있다.

❶ 색정형: 유명한 사람이나 주변 사람이 자기를 열렬하게 사랑하고 있다는 망상을 하거나, 사람들이 자신만 주목한다고 생각하는 사람이다. 수많은 대중 앞에 서 있는 사람이 웃을 때도 망상 장애를 가진 사람은 '나를 보고 웃었어'라고 생각한다. 그리고 길을 지나가다가 만난 사람이

"안녕, 다음에 보자"라고 인사를 할 때도, 망상 장애가 있는 사람은 '다음에 만나서 사랑한다고, 결혼하자는 거 아냐?'라고 상상하며 설렌다. 이렇게 상대가 자신을 좋아한다고 착각하고, 작은 행동에 의미를 부여하는 것도 망상 장애이다.

❷ 과대형: 과대형 망상에 빠진 사람은 자신이 위대하지만, 주변에는 알려지지 않았으며 특별한 능력을 가졌다고 생각한다. 이런 사람은 건물과 건물 사이를 뛰어다니다가 추락한다. 영화 〈슈퍼맨〉을 보고는 망토를 두르고 "슈퍼맨~!" 하고 뛰는 아이들처럼 말이다. 초기 단계에서는 소파 정도에서 뛰어내리지만, 중증이 되면 건물 사이를 뛰어다니게 된다.

❸ 질투형: 망상이 배우자와 연관될 때 부부간의 편집증, 의부증, 의처증이 된다. 배우자의 일거수일투족을 들여다보며 연이어서 망상을 한다. 망상은 편집증으로 이어지며, 서로의 신뢰를 깨뜨린다. 상대를 향한 편집증이 심해지면 말과 행동으로 학대하는 경우가 많다. 학대가 지속되면 당연히 가정이 깨질 가능성이 높아진다. 상대에게서 질투형 망상을 발견한다면 속히 치료를 받을 수 있도록 권

해야 한다.

❹ 피해형: 자신이 음모의 대상이 되거나, 속임을 당하고 있다거나, 추적을 당한다는 망상을 한다. 자신이 감시 받고 있으며, 자신에 대해 주변에서 끊임없이 이야기하고 있다고 생각한다. 누군가 자신을 해치기 위해 주변을 맴돌고 있다고 생각하는 것이다.

하루는 대형 교회에서 사역하는 전도사로부터 만나 줄 것을 요청받았다. 교회 커피숍에서 만나 이야기를 나누었다. 전도사는 이단자가 자기를 미행하고 있으며, 밤에 자신의 차 뒤를 따라와 밤새도록 추격전을 한 적도 있었다고 했다. 교회 로비에 서 있으면 자신을 해하려고 한다며 두려움을 호소했다. 한참 이야기를 나누고 나중에 그 교회에 전화해 정말 이단자가 그분을 미행하는지, 교회에서도 알고 있는 사실인지 물어보았다. 그러나 부목사의 의견은 달랐다. 교회에서는 전도사가 피해망상을 가진 것 같다고 의문을 가지고 있었다. 교회에서 정신적 치료를 받을 수 있도록 돕겠다고 하였지만, 전도사가 거절했다고 말했다. 결국, 전도사는 사역을 그만두게 되었다.

❺ 신체형: 피부에 벌레가 서식한다는 망상을 한다. 자

신의 몸에서 자꾸만 벌레가 나오며 간지러움 또는 고통을 느낀다. 또는 강박적으로 씻는 사람들이 있다. 몇 시간 동안 샤워를 했음에도 금세 지저분하고 냄새가 난다며 씻는다. 또한, 신체의 일부가 잘못되어 있거나 제 기능을 하지 못한다고 생각하기도 하며, 혹은 암에 걸렸다고 여기기도 한다. 심각한 경우, 멀쩡한 신체를 절단하거나 제거해야 한다고 생각하기까지 한다. 의학적으로 전혀 문제가 없음에도 고통과 통증을 느끼는 경우도 많다.

망상 증후군은 우리 누구나 다 겪을 수 있다. '교회에서 나랑 저 집사님을 차별하는 것 같아', '목사님이 내 얘기는 잘 안 들어 주는 것 같아', '저 사람, 나를 무시하는 것 같아', '저 사람 없이 했으면 더 잘할 수 있었는데, 저 사람이 문제야'라고 생각한다면 그것도 일종의 망상일 수도 있다.

사탄은 '인터넷 세상에서, 너의 영역에서 최고가 돼라!'라고 충동질하며 중독자의 자존감을 한껏 높인다. 그러나 그 모든 것이 일장춘몽(一場春夢)임을 알아야 한다. 하나님이 기뻐하지 않으시는 것은 하루아침에 꿈과 같이 다 없어진다. 우리는 중독의 폐단과 심각성을 깨달아야 한다.

1. 이번 챕터에서 배우고 느낀 것은 무엇인가요?

2. 가인의 자기애 중독은 무엇이 문제인가요?

3. 발람은 어떤 중독에 빠져 살았나요? 그 중독은 하나님의 백성에게 어떤 어려움을 주었나요?

4. 내가 주의해야 할 망상은 무엇일까요?

5. 내가 깨뜨려야 할, 나를 충동질하는 일장춘몽은 무엇인가요?

PART 2.
중독 탈출 - 가정의 역할

1. 일상생활에서 주의할 것

"저는 충북에서 교사로 일하고 있습니다. 반 학생이 게임 중독인데, 매일 조퇴하고 집에 일찍 가겠다고 해요. 아버지와 어머니가 알코올 중독자들인데, 사실 저도 케어하기가 쉽지 않아 조퇴를 시켜 주고 있습니다. 이 학생을 어떻게 케어해야 할지 모르겠어요…"

이 연락을 받고, 매우 큰 충격을 받았다. 선생님이라면 학생을 케어해야 함이 마땅한데, 그러지 못했기 때문이다. 어떻게 해야 할지 몰라서 그랬을 수 있다. 그러나 최소한 중독자 부모님을 둔 학생을 '그냥' 집에 가고 싶다는 이유로 보내는 것은 심각한 문제였다. 집에 가도 방치가 되기에 될 수 있는 대로 학교에 있다가 집에 가도록 해야 함을 알려 드렸다. 이를 위해 그 친구를 상담가와 연결해 주고, 상담을 통해 치료받을 수 있도록 권면했다.

중독자 집안에서 중독자는 자연스럽게 양산된다. 부모가 부모의 역할을 하지 못하기 때문이다. 그러기에 게임 중독, 도박 중독, 스마트폰 중독에 빠진 다음세대는 또 다른 중독에 노출된다. 주변 사람이 중독에 빠지지 않게 하려면 부모, 교사, 섬김이, 형제자매 등 주변에서 각자 주어진 역할을 게을리해서는 안 된다. 특히 중독자가 청소년 또는 어린이라면 주변 어른의 역할은 더욱 중요하다. 중독에 빠지지 않으려면, 일상생활에서 주의할 부분이 있다.

중독에 빠지지 않기 위한 일상생활

1) 게으름을 주의하라

다윗은 하나님의 마음에 합한 자였다. 그러나 그런 그도 자신이 있어야 할 자리에 서 있지 않고 게으르게 생활할 때 유혹에 빠졌다.

"그 해가 돌아와 왕들이 출전할 때가 되매 다윗이 요압과 그에게 있는 그의 부하들과 온 이스라엘 군대를 보내니 그들이 암몬 자손을 멸하고 랍바를 에워쌌고 다윗은 예루살렘에 그대로 있더라 저녁 때에 다윗이 그의 침상에서 일어나 왕궁 옥상에서 거닐다가 그 곳에서 보니 한 여인이 목욕을 하는데 심히 아름다워 보이는지라 다윗이 사람을 보내 그 여인을 알아보게 하였더니 그가 아뢰되 그는 엘리암의 딸이요 헷 사람 우리아의 아내 밧세바가 아니니이까 하니 다윗이 전령을 보내어 그 여자를 자기에게로 데려오게 하고 그 여자가 그 부정함을 깨끗하게 하였으므로 더불어 동침하매 그 여자가 자기 집으로 돌아가니라"(삼하 11:1-4)

1절을 보면 다윗은 "왕들이 출전할 때" 침상에서 자고 있었다. 저녁에 느지막이 일어나 왕궁 옥상을 거닐었다. 그때 한 여인이 목욕하는 것을 보고 음욕에 빠졌다. 만일 다윗이 전쟁터에 있었다면 어땠을까? 전쟁터는 아니더라도, 그 근처에서 나라의 위중한 시기에 군인들을 격려하고 섬기는 자리에 있었다면 어땠을까? 다윗은 자신에게 주어진 왕의 직무를 충실하게 행하지 않았을 때 유혹에 빠졌다.

중독에 빠진 사람들의 일과를 보면, 시간을 내어 게을러진다. 중독에 빠진 한 중학생의 일과는 이렇다. 새벽 3-4시까지 게임을 하다, 겨우 잠이 들고 점심시간이 지나서야 잠에서 깨어난다. 눈을 뜨자마자 씻으러 가지도 않고 바로 스마트폰을 손에 쥐고 몇 시간을 바라본다. 한참 뒤에 배가 고파지면 침대에서 일어난다. 그리고 식탁에 있던 빵 한 조각을 들고 향한 곳은 거실 소파. 소파에 앉아 리모컨을 들고 무의미하게 채널을 탐색하며, 무미건조하게 빵을 씹어 삼킨다. 아침에 들었어야 할 온라인 수업은 잊은 지

오래다. 숙제도 공부도, 운동도 이 아이에겐 무의미할 뿐이다.

이처럼 중독자들은 해야 할 것을 미루거나 하지 않고, 그렇게 비는 시간에 중독의 행위를 시작한다. 중독의 행위가 삶이 되어 버린 전형적인 모습이다. 물론 이들이 처음부터 게을러지기 위해 시간을 낸 것은 아니다. 게으름은 귀찮음에서 비롯된다. 또한, 귀찮음은 무기력함에서 시작된다. 아무것도 하고 싶지 않은 상황에서 달콤하기만 한 중독적 자극이 그 맛을 경험할 수 있도록 게으름을 이끌어 낸 것이다.

> "네 눈을 잠들게 하지 말며 눈꺼풀을 감기게 하지 말고 노루가 사냥꾼의 손에서 벗어나는 것 같이, 새가 그물 치는 자의 손에서 벗어나는 것 같이 스스로 구원하라 게으른 자여 개미에게 가서 그가 하는 것을 보고 지혜를 얻으라 개미는 두령도 없고 감독자도 없고 통치자도 없으되 먹을 것을 여름 동안에 예비하며 추수 때에 양식을 모으느니라 게으른 자여 네가 어느 때까지 누워 있겠느냐 네가 어느 때에 잠이 깨어 일어나겠느냐"(잠 6:4-9)

이처럼 중독에 빠지는 자는 자기 일을 충실히 하는 사람이 아니다. 게으름을 피우고, 자신이 해야 할 일을 하지 않는 사람이다. 그렇다면 하나님은 우리가 어떤 사람이 되기를 원하실까? 성경은 이렇게 말한다.

> "네가 자기의 일에 능숙한 사람을 보았느냐 이러한 사람은 왕 앞에 설 것이요 천한 자 앞에 서지 아니하리라"
> (잠 22:29)

주어진 삶을 제대로 살지 않을 때 우리는 빠진다. 오늘날 다음세대가 무기력감을 호소하는 이유가 있다. 상담 중인 한 청년은 이렇게 말했다. "많은 것을 내려놓고 노력하는데 나아지는 것이 없을 때 희망을 잃고 다 포기하게 되는 것 같아요." 세상의 가치는 우리가 살아 있음을 느낄 수 있는 조건으로 다양한 것을 나열한다. 물질이고, 능력이며, 성공이다. 그러나 그것은 일부에게만 허락된다. 그 일부에 포함되지 않는 다수는 일부의 성공을 바라보며 자신의 삶을 평가 절하한다. 급기야 일부의 '일부'를 갖기 위해 집중한다. 하지만 시작이 다르기에 얻을 수 없는 것에 좌절하며, 무기력해졌다. 그리고 말한다. "우리는 N포세대입니다." 모든 것을 포기하더니 결국에는 목숨까지 포기하고 있다. 이들에게 먼저 하나님의 나라를 구하면 이 모든 것을 더하겠다고 하신 주님의 말씀은 멀어진 지 오래다. 이렇게 사탄은 세상적 가치에 무참히 공격받은 이들로 하여금 영적인 전투에서 지게 하고, 결국 중독에 빠지게 한다.

> "근신하라 깨어라 너희 대적 마귀가 우는 사자 같이 두루 다니며 삼킬 자를 찾나니"(벧전 5:8)

중독에 빠진 자는 지금 자신이 있어야 할 자리가 어디인지 알지 못한 채 살아가고 있다. 사탄은 자기가 있어야 할 자리를 모르고, 교만하여 하나님의 자리를 넘보다가 타락하였다. 망각 중독에 빠지면 리더십의 자리를 탐하거나 리더십을 인정하지 못하는 자리에 선다. 이런 망각 중독도 큰 문제다. 성경은 하나님이 이런 자들을 간과하지 않으심을 보여 준다. 아론과 미리암은 모세가 구스 여인을 취하였을 때, 그의 리더십을 인정하지 않고 자신을 대단한 사람으로 여기다가 처벌을 받았다.

> "내 종 모세와는 그렇지 아니하니 그는 내 온 집에 충성함이라 그와는 내가 대면하여 명백히 말하고 은밀한 말로 하지 아니하며 그는 또 여호와의 형상을 보거늘 너희가 어찌하여 내 종 모세 비방하기를 두려워하지 아니

하느냐 여호와께서 그들을 향하여 진노하시고 떠나시매 구름이 장막 위에서 떠나갔고 미리암은 나병에 걸려 눈과 같더라 아론이 미리암을 본즉 나병에 걸렸는지라"

(민 12:7-10)

2) 가상 세계와 현실 세계를 구분하라

도박, 알코올, 게임 중독자들은 진짜 현실 공간이 어디인지, 그리고 자신에게 어떤 책임이 있는지 모르는 경우가 있다. 중독자가 자신의 신분과 역할을 제대로 감당하지 않을 때 피해는 온 가족이 감당해야 한다.

게임 중독에 빠진 한 아이는 가만히 길을 걷다가 갑자기 점프를 하고, 누군가가 자신을 공격할 것이라며 주머니에 칼을 품고 다니기도 했다. 그 아이는 알코올 중독자인 어머니와 단둘이 살고 있었는데, 밤마다 술을 마시고 칼로 자신의 방문을 찍어 대는 어머니를 피해 게임 속으로 도망갔다. 그리고 결국 그 안에 갇혀 가상 세계를 현실에까지 끌어와 머무르게 되었다.

창세기에서 노아는 술을 마시고, 잠이 들었다. 자신의 하체를 드러내었다.

"노아가 농사를 시작하여 포도나무를 심었더니 포도주

를 마시고 취하여 그 장막 안에서 벌거벗은지라 가나안의 아버지 함이 그의 아버지의 하체를 보고 밖으로 나가서 그의 두 형제에게 알리매 셈과 야벳이 옷을 가져다가 자기들의 어깨에 메고 뒷걸음쳐 들어가서 그들의 아버지의 하체를 덮었으며 그들이 얼굴을 돌이키고 그들의 아버지의 하체를 보지 아니하였더라 노아가 술이 깨어 그의 작은 아들이 자기에게 행한 일을 알고 이에 이르되 가나안은 저주를 받아 그의 형제의 종들의 종이 되기를 원하노라 하고 또 이르되 셈의 하나님 여호와를 찬송하리로다 가나안은 셈의 종이 되고 하나님이 야벳을 창대하게 하사 셈의 장막에 거하게 하시고 가나안은 그의 종이 되게 하시기를 원하노라 하였더라"(창 9:20-27)

이 일로 자기 아들의 자손들이 저주를 받게 되었다. 아들도 문제였지만, 근본적으로 술에 취해서 잠을 잤던 노아에게 더 큰 책임이 있다.

현세대는 다음세대가 술에 취하고, 중독에 깊이 젖어 들게 해서는 안 된다. 요즘 시대를 보면 각종 미디어와 자칭 어른이라고 말하는 사람들이 다음세대에 현실의 공포만을 안겨 주고 있다. 그로 인해 다음세대가 더욱더 현실을 회피하기 위해 달콤한 중독의 세계로 빠지게 되는 것이다.

지옥과 같은 현실을 강조하기보다, 현실 속에 존재하는 하나님의 사랑을 경험시켜 주는 미디어와 예수님을 닮은 어른이 필요한 이유이다.

3) 중독자를 멀리하고 건강한 지체를 만나라

우울증의 치료 방법 중 한 가지가 건강한 사람을 만나 대화하는 것이다. 이렇게 건강한 사람을 만나면 중독자도 건강해지게 된다.

문제 행동 등을 이유로 학교에 적응하지 못하는 청소년들을 받는 대안학교가 있다. 그러나 비슷한 이유로 대안학교에 가게 된 청소년들이 시간이 흐르면서 서로 범죄 행동이나 중독과 자극들을 공유하며, 상황을 더 악화시키는 것을 보았다.

드라마 〈슬기로운 감빵생활〉에 마약에 중독되어 수감된 '해롱'이라는 인물이 등장한다. 그는 마약을 끊기 위해 수감 기간 동안 최선을 다했고, 퇴소하는 날까지 잘 참아 냈다. 성공적으로 수감 생활을 마치고 퇴소하는 날, 그를 찾아온 한 사람이 있었다. 다름 아닌 그에게 마약을 공급했던 사람. 그의 차에 올라탄 해롱이는 건네받은 마약 주사기를 참아 내지 못하고, 바로 자신의 팔에 꽂았다. 이처럼 중독자는 중독자와 함께할 때 다시 중독에 빠져들기 쉽고, 완전히 치유받기가 힘들어진다.

  다니엘은 바벨론에 포로로 끌려갔다. 하지만 혼자 타국에서 신앙생활을 한 것이 아니라, 함께 믿음을 지킨 동료들이 있었다. 그 세 친구는 느부갓네살왕이 노하여 우상에게 절하지 않으면 죽인다고 하였음에도, 믿음을 지켰다.

"느부갓네살 왕이 노하고 분하여 사드락과 메삭과 아벳느고를 끌어오라 말하매 드디어 그 사람들을 왕의 앞으로 끌어온지라 느부갓네살이 그들에게 물어 이르되 사드락, 메삭, 아벳느고야 너희가 내 신을 섬기지 아니하며 내가 세운 금 신상에게 절하지 아니한다 하니 사실이냐 이제라도 너희가 준비하였다가 나팔과 피리와 수금과 삼현금과 양금과 생황과 및 모든 악기 소리를 들을 때 내가 만든 신상 앞에 엎드려 절하면 좋거니와 너희가 만일 절하지 아니하면 즉시 너희를 맹렬히 타는 풀무불 가운데에 던져 넣을 것이니 능히 너희를 내 손에서 건져낼 신이 누구이겠느냐 하니 사드락과 메삭과 아벳느고가 왕에게 대답하여 이르되 느부갓네살이여 우리가 이 일에 대하여 왕에게 대답할 필요가 없나이다 왕이여 우리가 섬기는 하나님이 계시다면 우리를 맹렬히 타는 풀무불 가운데에서 능히 건져내시겠고 왕의 손에서도 건

> 저내시리이다 그렇게 하지 아니하실지라도 왕이여 우리가 왕의 신들을 섬기지도 아니하고 왕이 세우신 금 신상에게 절하지도 아니할 줄을 아옵소서"(단 3:13-18)

사드락, 메삭, 아벳느고는 하나님이 자신들을 구출해 주지 않더라도 바벨론의 신들을 섬기지 아니하겠다고 하였다. 왕이 세운 금 신상에 절하지도 않겠다고 하였다. 이런 친구를 둔 다니엘은 같은 상황에 처했을 때 하나님을 향한 자신의 믿음을 지켰다. 실제로 건강한 사람들과 운동, 문화, 취미 생활을 하는 것이 좋다. 믿음의 사람과 함께 생활하는 것은 영적으로, 정신적으로, 심리적으로 더욱 유익하다.

> "이는 그들로 마음에 위안을 받고 사랑 안에서 연합하여 확실한 이해의 모든 풍성함과 하나님의 비밀인 그리스도를 깨닫게 하려 함이니"(골 2:2)

중독의 자리에 있다면, 건강한 사람들과 만날 기회를 만들어야 한다. 건강한 가정과 건강한 공동체가 필요하다. 부모의 중독이 자녀에게도 연결된다는 것은 모두가 아는 사실이다. 가정은 중독의 환경을 제공하면 안 된다. 가정은 평안과 안정, 소속감과 사랑을 경험해야 하는 공동체이다. 부모는 그 점을 인식하고, 자신의 중독부터 끊기 위해 최선을 다하며, 자녀에게 하나님을 닮은 사랑을 채워 주어야 한다.

또한, 건강한 친구를 만나기 쉽지 않은 시대이다. 하지만 비교적 건강한 친구를 만날 수 있는 공간이 있다. 바로 교회이다. 오늘날 교회에 머무르는 다음세대가 사라지고 있는 이유가 중독의 증가와 무관하지 않음을 알아야 한다. 중독의 시대에 최후의 보루로서 교회가 제 역할을 해 주어야 하는 이유이다.

나눔 질문

1. 이번 챕터에서 배우고 느낀 것은 무엇인가요?

2. 중독 자녀에게 있어서 부모의 역할은 무엇인가요?

3. 나는 게으름과 교만 중 어떤 유혹이 올 때 나의 자리를 지키지 못하나요?

4. 중독자는 왜 가상 세계와 현실 세계를 혼동할까요?

5. 주변의 건강한 지체들과 건전한 교제를 나누고 있나요?

2. 가정적 예방과 치료를 위한 세 가지

"목사님, 조카가 게임 중독인데, 어떻게 해야 할까요? 밤늦게까지 게임을 하는데, 옆에서 케어해 줄 사람이 없어요. 아빠와 엄마가 모두 다 일을 하고 밤늦게 들어와요. 어떻게 해야 조카를 중독에서 빼낼 수 있을까요?"

유학 때 함께 예배드렸던 형제가 오랜만에 연락을 주었다. 조카가 중독에 빠져 있는데, 어떻게 하면 좋을지 조언을 구해 온 것이다. 나는 부모님 중 한 분이 자녀를 케어하기 위해 직장을 내려놓고, 옆에서 돌봐 주어야 한다고 말했다. 형제는 그 가정에 권면해 보겠다며 전화를 끊었다. 이후에 소식이 궁금해져 물어보니, 부모님 둘 중 한 사람도 직장을 내려놓을 생각이 없어 상황이 그대로라고 했다. 청소년기의 자녀가 아무도 없는 집에서 스스로 중독을 절제하기란 쉽지 않다. 이는 마치 고양이의 눈앞에 신선한 고등어를 두고 먹지 못하게 하는 것과 같다. 고양이에게 생선을 먹지 못하게 한다고 고양이가 싱싱한 생선을 입에 대지 않을까? 절대 그럴 수 없다. 바로 삼켜 버릴 것이다.

자녀가 중독에 빠졌을 때, 누군가는 곁에 있어야 한다. 혼자서는 절제하지 못하기에 누군가가 물심양면으로 도와주어야 한다. 누가 곁에 있어 주어야 할까? 가족 중 한 사람이 그 역할을 감당해 주는 것이 좋다. 그 역할을 부모가 할 수 있다면 더더욱 좋다. 중독은 가정적 차원의 예방과 치료 협조가 필요하다. 가족이 중독자를 케어할 때, 필요한 세 가지가 있다.

가정에서의 중독자 케어

1) 영적 케어가 이루어져야 한다

처음 공저로 쓴 책, 『중독 A to Z』의 세 번째 챕터 제목은 '중독의 모체'이다. 중독에 빠지는 이유를 여러 가지로 볼 수 있지만, 앞에서도 언급했듯이 가정과 부모의 역할이 가장 큰 원인이 된다. 부모가 자녀를 잘 돌보지 않으면, 자녀가 중독에 빠지기 쉽다. 건강하지 않은 부모 밑에서는 중독 자녀가 나올 확률이 50%나 높다. 청소년이 타락하고 중독에 빠지는 원인 중 큰 요소가 바로 건강하지 못한 가정, 특히 영적으로 어두운 부모 밑에서 자라는 것이다.

부모의 이혼으로 아버지와 둘이 살게 된 고등학생 남자아이를 상담한 적이 있다. 그 아이는 지독한 도박 중독이었다. 가난이 힘겨워 아버지와 자신을 두고 떠난 어머니에 대한 원망이 가득했고, 물질에 대한 간절함으로 불법 도박 사이트에 접속하게 되었다. 그러나 도박 사이트에서 남은 것은 빚뿐이었다. 아이는 학교도 빠지고 일을 하며 빚을 갚고 있지만, 여전히 도박에 자신의 인생을 걸고 있다.

또한 앞서 말한 사례처럼 알코올 중독에 빠진 어머니와 단둘이 사는 한 아이는 술만 마시면 잠겨 있는 자신의 방문을 식칼로 내리찍는 어머니 때문에 게임 속으로 숨어야만 했다. 아이는 현실을 회피하기 위해 방에서 나오지 않고 게임에 빠져 살게 되었다. 이처럼 부모, 그리고 가정환경은 다음세대의 중독에 굉장한 영향을 미친다. 가정의 건강한 영적 상태가 중요하다.

10년간 상담을 하며 만난 중독 청소년 중, 회복이 더디고 어려웠던 아이들은 부모의 협조가 부족했고, 기본적으로 부모에게 신앙이 없었다. 그러나 회복이 빠르고 중독에서 벗어난 아이들의 부모는 대부분 신앙이 있었으며, 아이들 또한 신앙생활을 경험한 적이 있었다. 이것이 핵심이다.

사무엘 시대 블레셋이 쳐들어왔을 때, 엘리는 영적으로 어떤 상태였는가?

> "당일에 어떤 베냐민 사람이 진영에서 달려나와 자기의 옷을 찢고 자기의 머리에 티끌을 덮어쓰고 실로에 이르니라 그가 이를 때는 엘리가 길 옆 자기의 의자에 앉아 기다리며 그의 마음이 하나님의 궤로 말미암아 떨릴 즈

음이라 그 사람이 성읍에 들어오며 알리매 온 성읍이 부르짖는지라 엘리가 그 부르짖는 소리를 듣고 이르되 이 떠드는 소리는 어찌 됨이냐 그 사람이 빨리 가서 엘리에게 말하니 그 때에 엘리의 나이가 구십팔 세라 그의 눈이 어두워서 보지 못하더라"(삼상 4:12-15)

엘리는 "그의 눈이 어두워" 보지 못하였다. 단순히 나이가 들어서 눈이 안 보인 것뿐만 아니라 영적인 눈까지 어두웠다. 하나님의 뜻보다 자기 아들들을 더 중히 여겼다. 그 결과 그 자녀들은 제사장으로서 어떤 삶을 살았는가? 엘리의 아들들, 홉니와 비느하스는 하나님의 제물과 예물을 짓밟는 불경건한 삶을 살았다. 그때 엘리의 문제는 무엇이었을까?

> "너희는 어찌하여 내가 내 처소에서 명령한 내 제물과 예물을 밟으며 네 아들들을 나보다 더 중히 여겨 내 백성 이스라엘이 드리는 가장 좋은 것으로 너희들을 살지게 하느냐 그러므로 이스라엘의 하나님 나 여호와가 말하노라 내가 전에 네 집과 네 조상의 집이 내 앞에 영원히 행하리라 하였으나 이제 나 여호와가 말하노니 결단코 그렇게 하지 아니하리라 나를 존중히 여기는 자를 내

가 존중히 여기고 나를 멸시하는 자를 내가 경멸하리라"(삼상 2:29-30)

제대로 자녀 교육과 케어를 하지 않은 엘리는 결국 두 아들을 잃게 되었다.

"네 두 아들 홉니와 비느하스가 한 날에 죽으리니 그 둘이 당할 그 일이 네게 표징이 되리라"(삼상 2:34)

영적으로 양육하는 것은 너무나 중요하다. 게리 토마스는 책 『부모학교』에서 우리가 자녀 양육을 통해 아빠 하나님에 대해 배우고, 자아가 깎이며 성숙의 과정에 들어선다고 한다. 자녀가 연약해서 겪게 되는 아픔과 어려움을 보면서 아무런 도움이 되지 않는 자신의 모습을 통해 하나님의 역사와 섭리를 더 간구하게 되고, 그 자녀도 주님이 주인 되셔야 함을 알게 된다고 한다.

중독에 빠진 자녀를 양육할 때, 부모는 고통의 터널을 지나간다. 하지만 자녀를 통해 인내, 견딤, 오래 참음을 배우게 된다. 한 가정은 게임 중독에 빠져 있던 아들의 치료를 위해 가족 상담을 진행하며, 그간 잊고 있던 어머니의 유년 시절을 기억하게 되었다. 무기력한 부모 밑에서 제대로 된 사랑을 채움받지 못했던 기억이 오늘날 자신의 자녀를 게임 중독에 이르게 한 원인이라는 것을 깨닫고 결국, 어머니도 아이도 중독에서 벗어날 수 있게 되었다. 게리 토마스는 자녀 양육은 신성한 소명이라고 하면서 『부모학교』의 마지막 챕터를 마무리한다.

나는 오늘 아침 아내에게 비전이 무엇인지 물었다. 아내는 비전을 여전히 찾아가고 있다며, 우리 딸 하음이와 주예를 잘 양육하는 것이 비전이라고 덧붙여 대답했다. 맞는 말이다. 자녀를 잘 양육하는 것이 부모에게 주신 축복이다.

2) 효과적인 대화가 이루어져야 한다

상담 당시 고등학교 1학년이었던 연재는 초등학교 시절부터 심각한 따돌림을 당했다. 따돌림의 시작은 알코올 중독자인 아버지가 늘 마시던 술 때문이었다. 초등학교 당시 아버지는 항상 술을 놓지 않으셨고, 아버지와의 대화는 끊어진 지 오래였다. 어느 날 친구의 생일에 아버지가 좋아하는 술을 가방에 넣어와 친구에게 선물로 주었는데, 그날 이후로 연재는 친구들 사이에서 이상한 소문에 시달렸고, 따돌림을 당하게 되었다.

아이들은 나이별 과업이 있다. 해당 과업을 완수하지 못하면 그 과업으로 인해 성인기에 문제를 겪게 된다. 그 과업을 완수하는 데 있어 부모와의 대화는 필수적이다. 자녀는 부모와의 대화를 통해 사회성도, 관계를 맺는 방법도, 그리고 대화법도 배우게 되기 때문이다. 그러나 연재는 가정에서 나이별 해당 과업을 완수하지 못했다. 그래서 아버지가 자신보다 더 좋아하는 것 같은 '술'을 가치 있게 여긴 것이고, 자신이 가치 있다고 생각한 것을 친구에게 선물로 주게 된 것이다. 올바른 대화가 없는 가정의 대표적인 예이다. 이처럼 가족 간에 효과적인 대화가 이루어지지 않으면 관계가 단절되고, 메마른 가족 안에서 자녀들은 중독에 빠지게 된다.

온라인교육기업 '휴넷'이 2020년 아버지 회원 647명을 대상으로 설문 조사를 실시했다. 먼저, 자신을 몇 점짜리 아빠로 평가하는지에 대한 질문에 '67점짜리 아빠'로 평가한다는 결과가 나왔으며, 하루 동안 자녀와 얼마나 대화하는지에 대한 질문에는 '평균 29분'이라는 결과가 나왔다. 자녀와의 하루 평균 대화 시간은 10분에서 30분 미만이라는 응답 비율이 36.8%로 가장 높았다. '30분~1시간 미만'(26.7%), '10분 미만'(21.2%), '1시간 이상'(13%), '거의 없다'(2.3%)가 그 뒤를 이었다. 오늘날 자식이 필요로 하는 것은 다른 어떤 것이 아니라 부모와의 '대화'이다. 부모와 자녀가 대화를 통해 얻게 되는 유익은 무엇일까?

a. 갈등 상황들이 해소되거나 감소한다.
b. 부모 자녀 간 감정을 오해 없이 전달하게 된다.
c. 대인 관계의 친밀감을 더 돈독하게 해 준다.
d. 자녀가 불안감을 느끼지 않고 더 많은 이야기를 솔직하게 표현하게 된다.

러셀 무어는 저서 『폭풍 속의 가정』에서 가정이 회복되기 위해서는 가족끼리 주고받은 깊은 상처에 붙들리지 말아야 한다고 강조한다. 혹 상처가 있다 하더라도 가족 간 친밀한 대화를 통해 서로 아픔을 감싸 주고, 건강한 가정을 이루어야 한다. 그럴 때 건강한 다음세대가 길러진다.

3) 가족 간의 친밀감을 높여야 한다.

가정이 건강하면, 중독의 확산이 멈춘다. 그런데 가정이 희망차고, 건강해지려면 부모와 자녀가 같이 노력해야 한다. 가정에서 이런 노력을 하면 좋다.

a. 가족과 여행하기
b. 서로 일과 나누기
c. 같이 취미 생활하기
d. 함께 교육에 참여하기

e. 말씀 같이 읽고, 묵상하기

f. 함께 큐티하거나 예배드리기

g. 함께 맛있는 것 먹기

h. 다차원적 가족 상담받기

위 목록을 보면 특별한 것은 없다. 그냥 가족이 모여 이야기를 나누고, 함께 식사를 하고, 같은 취미를 공유하는 것이다. 이처럼 일상적인 삶이 대안이 될 수 있을까? 중독은 일상적인 삶이 이루어지지 않을 때 그에 따른 보상으로 일어나게 된다. 몸이 건강하면 감기 바이러스가 들어와도 바로 낫듯, 가장 기본적인 사랑으로 건강한 가정을 세워 가면, 자녀가 쉽게 중독에 빠지지 않는다.

가족 간에 서로 친밀감을 가질 수 있도록 목록에서 언급한 것 중 '다차원적 가족 상담받기'를 해 보면 좋다. 『청소년 비행 및 약물중독 상담』이라는 책은 다양한 상담 이론을 제시하는데, 그중 다차원적 가족 상담과 영성 상담을 소개한다. 다차원적 가족 상담은 중독 청소년 개인과 가족을 함께 만나 관계성을 높이며 실제적인 문제 해결을 도모하는 것이다.

부모가 자녀를 불편하게 여기는 시기는 대부분 청소년기이다. 외모도 언어도, 모든 것이 내가 알던 '그 아이'가 아니기 때문이다. 그래서 갈등이 생긴다. 부모는 분노하고, 자녀는 문을 닫고 스스로를 격리한다. 이렇게 된 이유는 부모의 시선이 자녀의 육신적인 부분에 집중하고 있기 때문이다. 자녀의 영적인 부분을 바라보게 될 때, 우리는 그 안에 여전히 역동적으로 움직이는 어린 영혼을 만나게 될 것이다.

가정에서 중독을 예방하기 위한 방법

1) 부모는 중독 자녀를, 자녀는 중독 부모를 부지런히 돌봐야 한다

폴 트립은 그의 책 『완벽한 부모는 없다』에서 부모의 사명은 '잃어버린 자'를 사랑하고, 구조하는 것이라고 한다. 자녀 양육에 있어 잘못된 행동만을 다루지 말고, 그 마음의 상태를 파악하고 다루라고 권면한다. "엄마도 매일 핸드폰만 보고 있으면서 저보고만 핸드폰에 중독되었다고 해요." 중독에 빠진 청소년들의 부모 역시 대부분 무엇인가에 중독되어 있다. 그러나 자신을 발견하지 못하고, 중독에 빠진 자녀만 바라본다. 그리고 그 시선으로 인해 부모와 자녀는 중독을 해결할 수 있는 지지자가 아니라, 적이 되어 버리는 것이다.

성경은 자신의 양 떼의 형편을 부지런히 살피라고 하였다. 그리고 다른 곳이 아니라 자신의 소 떼에 마음을 두라고 하였다. 이처럼 부모도 자신과 자녀를 부지런히 살피고, 마음을 다른 곳에 두면 안 된다.

"네 양 떼의 형편을 부지런히 살피며 네 소 떼에게 마음을 두라"(잠 27:23)

부모는 자녀가 진리 가운데 거하도록 도와야 한다.

"너의 자녀들 중에 우리가 아버지께 받은 계명대로 진리를 행하는 자를 내가 보니 심히 기쁘도다"(요이 1:4)

어느 정도 가족 간에 서로 관심을 가지고, 케어해 줄 수 있어야 한다. 부모만이 아니라, 자녀가 중독에 빠진 부모를 돌보기도 해야 한다.

2) 다음세대가 개인적 공간에 방치되지 않도록 해야 한다

이 부분에 있어서 가족 문화가 중요하다. 중독자가 있는 가족의 문화는 개인주의가 주를 이룬다. 부부 사이에 대화가 존재하지 않고, 각자의 영역에서 일정한 거리를 두며 지낸다. 부모와 자녀 사이도 마찬가지다. 퇴근한 아버지는 자신의 영역에서 자신의 욕구를 채우기 위해 시간을 보낸다. 어머니는 그런 아버지를 못마땅해하며, 자신의 처지를 한탄한다. 그리고 스스로를 위로하며 시간을 보낸다. 자녀들은 간헐적으로 자신에게 관심을 갖는 부모의 시선을 그

때그때 피해 가며, 자신의 영역에서 중독에 빠져들어 가는 것이다.

그러므로 온전한 가족 문화를 만들어 가족 간 대화 단절이 일어나지 않도록 해야 한다. 특히, 청소년들은 자기 방에서 혼자 시간을 많이 보내는 경우 인터넷 쇼핑, 게임, 도박, 음란물에 중독되기 쉽다. 컴퓨터를 청소년의 방에 두는 것이 아니라 거실에 설치해 놓고 온 가족이 함께 이용하는 것이 좋다. 또한 앞서 말한 것처럼 가족이 함께하는 시간이나 함께하는 공간을 만들어 지속적으로 대화의 장을 여는 시간이 필요하다.

3) 부모와 자녀 관계를 건강하게 유지해야 한다

부모와 자녀와의 관계는 청소년들을 중독에 이르게 하는 원인과 관련이 있다. 아버지와의 관계가 좋은 청소년들이 그렇지 못한 청소년들보다 인터넷에 중독될 가능성이 줄어드는 것으로 나타났다. 이러한 결과에서 중독이 관계와 밀접한 관련이 있음을 다시 한번 확인하게 되는 것이다. 보통 자녀들은 사회성이나 관계성을 아버지에게 배우게 되기 때문이다. 그러나 요즘 아버지들은 자신의 욕구를 채우느라 시간이 없어 자녀들과 시간을 보내기 어려워한다. 그로 인해 청소년들의 중독률이 높아지고 있다고 본다. 아버지는 아버지로서의 역할을 해야 한다. 그것이 하나님께서 아버지를 가정의 축복의 통로로 세우신 이유이다.

바울은 집사의 직분을 가진 남자는 한 아내의 남편이 되고, 자녀와 자기 집을 잘 다스려야 한다고 하였다.

> "집사들은 한 아내의 남편이 되어 자녀와 자기 집을 잘 다스리는 자일지니"(딤전 3:12)

바울은 여자 직분자가 어떠한 자여야 하는지도 말한다. 많은 덕 중에 배우자뿐만 아니라 자녀를 사랑해야 함도 강조한다.

> "그들로 젊은 여자들을 교훈하되 그 남편과 자녀를 사랑하며"(딛 2:4)

어머니 역시 자녀들과의 관계를 우선시해야 한다. 나의 삶도 중요하지만, 나에게 맡겨 주신 자녀들을 올바른 하나님의 자녀로 양육하는 것이 가장 중요한 일이기 때문이다. 하나님 아버지의 사랑을 닮은 어머니의 품에 자녀를 품어야 한다. 그래야 건강한 자아가 형성되고, 자존감이 높은 아이가 되어, 중독에 빠질 확률이 줄어들게 된다.

4) 부모의 지나친 통제와 간섭을 주의해야 한다

통제를 심하게 받는 청소년일수록 오히려 부모와 관계가 깨질 수 있다. 게다가 감정, 욕구 등을 지나치게 통제당하면 자신을 잃어버려 자존감에 상처를 입는다. 상처 입은 자신을 향한 수치심이 중독에 더 빠지도록 한다. 대부분의 중독 물질은 음지에서 더 활성화된다. 부모의 지나친 통제는 자녀들로 하여금 은밀한 곳에서 중독 물질과 조우하게 한다. 은밀한 곳에서 만나는 중독 물질의 쾌감은 배가 되기 때문에, 자녀가 부모를 피하지 않도록 적절한 양육을 해야 한다.

또한, 학업과 입시로 너무 큰 스트레스를 주지 않도록 해야 한다. 믿는 가정에서도 신앙생활보다는 입시를 위한 공부를 더욱 강조하는 경향이 있다. 중독의 예방은 하나님과의 교제를 통한 은혜의 충만함을 경험하는 것이다. 하나님과의 관계에 집중하는 것보다 학업이나 입시에 집중하여 스트레스를 받게 하는 것은 오히려 청소년이 하나님과의 관계에 의미를 두지 않게 하는 위험성을 갖고 있다.

1. 이번 챕터에서 배우고 느낀 것은 무엇인가요?

2. 부모가 자녀의 중독 예방을 위해 실천할 수 있는 구체적인 방법은 무엇인가요?

3. 영적인 양육은 중독 예방에 어떤 영향을 미치나요?

4. 부모와 자녀 간의 대화는 중독 예방에 어떻게 기여하나요?

5. 가족 간의 친밀감이 중독 예방에 왜 중요한가요?

3. 중독 훈련과 가정의 연계

"지난번 교회 강단에 올라가는 중에 '너같이 더러운 것이 거룩한 강단에 올라오느냐?'라는 음성을 들었습니다. 지금까지 여러 번 강단을 오르내렸지만, 그런 소리를 들어본 적이 없었기에 소름이 돋았습니다. 무슨 의미인지 곰곰이 생각해 봤는데, 당시 저는 여자 친구와 성관계를 하고 있었습니다. 그 음성이 여자 친구와의 관계 때문에 들려온 것이라는 깨달음이 왔어요. 그 즉시 죄의식을 갖고 회개했습니다. 그리고 두 달 뒤에 여자 친구와 결혼식 날짜를 잡았습니다. 제가 다니던 교회의 형, 누나들도 대부분 이성 친구와 성관계를 하고 있었어요. 저도 여자 친구를 만나면서 아무런 죄책감 없이 그랬던 거죠. 문화 사역을 한다고 열심을 내고 있으면서도 한편으로는 누구보다 세상의 문화에 찌들어 있다는 걸 깨닫고 너무 부끄러웠어요."

교회 청년부에서 디렉터로 섬기고 있을 때였다. 한 젊은이가 만나고 싶다고 연락을 해 왔다. 만나 보니 문화 사역에 삶을 던진 친구였다. 한 중소기업 사장님이 그의 열정을 알아보시고, 3천만 원을 지원해 주셔서 그 자금으로 문화 사역을 섬기고 있었다. 우리 교회에 와서 문화 사역에 대해 나누고, 스태프로 함께 뛸 사람들을 모집해 가라고 했다. 그리고 영성 집회 때 간증을 해 달라고 부탁했었다. 그러자 그는 예전에 교회 강단에 올라갔을 때 겪은 일을 나누어 주었다. 문화 사역자로서 세상의 문화와 싸우며 겪은 이야기와 왜 회개해야 하는지, 그리고 어떻게 살아야 할지 배우게 된 것을 간증해 주었다.

SNS를 하다 보면 이성 친구와 숙박업소에 간 사진을 대수롭지 않게 게시하는 다음세대를 본다. 그중에는 물론 크리스천도 있다. '이것이 가능한 일인가?' 하고 의심할 수 있지만, 실제 오늘날 다음세대의 성에 대한 인식이 이렇다.

교회에서 찬양단을 섬겼던 한 여자 청년은 교회 안에서 숱한 남자 청년들과 교제하며 잠자리를 가졌다. 그로 인해 교회 내에서 분란이 일어났고, 결국 그는 교회를 떠나게 되었다. 이러한 문제는 한두 교회의 일이 아니다. 교회 내에서 다양한 성 문제가 일어나고 있으며, 심지어 미디어에서도 끊임없이 거론하고 있다. 그런데도 교회는 사각지대에 방치된 다음세대의 성에 대해 너무 무관심하다. 아니, 어쩌면 들추어내는 것을 두려워하고 있을지도 모르겠다. 성과 관련된 문제에 있어서 어떻게 청소년들과 청소년 자녀를 둔 부모님을 도울 수 있을까?

다음세대와 부모님을 돕기 위한 방안
: 성 중독

1) 성에 대해 올바른 교육

성교육을 친구나 검증되지 않은 미디어 매체를 통해 받지 않도록 해야 한다. 특히, 성에 대해 성경적 바른 관점을 심어 주어야 한다. 성경은 영혼과 정신과 육체의 통일체로서의 인간에게 성은 따로 분리된 영역이 아니라고 가르친다. 리처드 포스터는 자신의 책 『돈, 섹스, 권력』에서 성에 대해 "기독교 역사상 참으로 비극적인 현상 가운데 하나는 성과 영성이 나누어진 것이다"라고 말한다.

성경은 모든 인류가 하나님에 의해 창조되었음을 말씀하고 있다. 성도 분명 하나님의 창조 속에 포함된 것이다. 아이러니하게 한국교회 안의 성 문화는 유교적 영향 아래 억압적이다. 그러나 성은 하나님이 창조하셨다. 성은 인류의 번식과 혼인 생활에 필수적이다

"하나님이 그들에게 복을 주시며 하나님이 그들에게 이

르시되 생육하고 번성하여 땅에 충만하라"(창 1:28)

"예수께서 대답하여 이르시되 사람을 지으신 이가 본래 그들을 남자와 여자로 지으시고 말씀하시기를 그러므로 사람이 그 부모를 떠나서 아내에게 합하여 그 둘이 한 몸이 될지니라 하신 것을 읽지 못하였느냐"(마 19:4-5)

성은 남자와 여자가 부모를 떠나서 결혼하여 둘이 한 몸이 되는 것이다. 크리스천 연애대책 연구소는 책 『크리스천의 연애 순결 자위 그리고 성경적 가정관』에서 다음세대에게 '성과 가정, 하나님의 나라에 대한 3단계 정리'가 필요하다고 강조한다. 하나님이 성을 만드신 목적은 생육하고 번성하기 위함이며, 부부가 하나 됨을 이루게 하기 위함이다. 단지 육체적으로 하나 되는 것으로 끝나는 것이 아니라, 연합하여 하나님 아버지와 예수님의 하나 됨을 경험하는 것이고, 그리스도와 교회의 하나 됨으로 연결되는 것이라고 한다. 이렇게 성을 만드신 이유는 단순히 개인적 쾌락을 위한 것이 아니라 하나님 나라와 하나님 아버지의 마음까지 느낄 수 있게 하신 것이라는 것을 깨닫게 해야 한다.

또한, 성적인 타락의 결과가 무엇인지도 알려 주어야 한다. 창세기 6장은 성적 타락을 경고한다. 하나님은 심판의 기준으로 '음행'을 말씀하셨다. 성을 절제하지 못하면, 성적 타락으로 빠지거나 잘못된 성 중독으로 치닫게 된다. 음란에 빠지면 심판이 임하게 된다는 것이다.

2) 청소년의 성 문제에 도움을 줄 인력과 터전

청소년들이 성적인 문제에 빠졌을 때 도움을 주어야 한다. 더 나아가 잘못된 성 개념을 바로잡아 주기도 해야 한다. 특별히 다음세대가 낙태를 통해 영아 살해를 하지 않도록 해야 한다. 프란시스 A. 쉐퍼는 『그리스도인의 생명윤리』에서 인본주의가 서구 사회를 지배하게 되자 저급한 인간관을 가지게 되었고, 낙태와 영아 살해에 더 빠지게 되었다고 한다. 다음세대에게 성적 타락이 살인에까지 이르게 된다는 것을 알려 주고, 혹 그런 죄를 지었더라도 하나님 앞에 회개하고 더 이상 그런 삶을 살지 않도록 해야 한다.

때로 중독자들은 자신들의 욕구를 채우고, 돌아오려고 하지 않는다. 그러나 예수님은 현장에서 간음한 여인에게 다가가서 용서한다고 말씀해 주셨다. 그리고 한 가지를 부탁하셨다.

"예수께서 이르시되 나도 너를 정죄하지 아니하노니 가서 다시는 죄를 범하지 말라 하시니라"(요 8:11)

예수님은 간음한 여인을 단순히 용서만 하지 않으셨다. 간음에 중독되는 것이 어떤 것인지 아셨기에 더 이상 같은 죄를 짓지 말라고 명확하게 말씀하셨다. 여기서 잊지 말아야 할 것이 있다. 바로 정죄를 받음으로 인해 죄책감만 가질 것이 아니라, 용서하시는 주님의 품에 안겨야 함을 알려 주어야 한다.

교회 안의 목회자뿐만 아니라 교회와 가정이 연계하여, 보다 효율적으로 교육이 이뤄지도록 만들어야 한다. 더 나아가 교회 밖에서도 자유롭게 성적 문제에 도움을 받도록 성교육 기관을 세워야 한다. 이렇게 교회 안과 밖에서 다음세대의 성적 순결 운동과 중독 탈출에 적극적으로 도움을 줄 터전을 마련해야 한다.

3) 가정으로 성교육을 연계

특별히 성에 대한 부분은 그 교육이 가정과 연계되어야 한다. 다음세대에게 부모는 성에 대한 가장 좋은 모델이 될 수 있다. 몇 년 전 중학교 3학년 선영이를 만났다. 성적으로 문란하였던 선영이는 상담 당시 임신 7개월이었다.

어린 시절 선영이는 부모님의 갈등 속에 불안한 하루하루를 보냈다. 아버지는 어머니를 학대했는데, 그때마다 외모 비하를 심하게 언급했다. 그러던 어느 날 공원에 주차된 아버지의 차를 보고 반가운 마음에 달려갔던 선영이는 차 안에서 다른 여자를 안고 있는 아버지를 보았다. 그런데 화가 나기보다, 아버지 품에 안겨 있던 여자가 그렇게 예뻐 보였다고 한다. 아버지가 날마다 비하하던 어머니의 외모와 오버랩되어 더욱 비교가 되었던 것이다. 아버지의 외도 사실을 안 어머니는 집을 나가 버렸다. 선영이는 그날 이후, 이성에게 외모를 인정받고 사랑받는 일에 집착하게 되었다. 이는 점점 심해져 관계를 맺어야 살아 있음을 느끼는 성 중독에 빠지게 되었다. 결국 선영이는 아버지가 누군지도 모르는 아이를 품게 되었다.

    이처럼 성은 여자인 어머니와 남자인 아버지의 모습을 통해 학습된다. 부모가 먼저 성에 대한 성경적이고 온전한 이해를 가져야 하는 이유이다. 부모가 성에 대한 교육을 받고, 성경적이고 건전한 성인지를 한 부모가 자녀를 교육할 수 있도록 해야 한다.

다음세대와 부모님을 돕기 위한 방안
: 행위 중독

중독은 크게 '물질 중독'과 '행위 중독'으로 나눌 수 있다. 물질 중독은 마약, 약물, 알코올 중독 등이 있고, 행위 중독은 스마트폰, 쇼핑, 도박 등이 있다. 행위 중독의 대표적인 것 중 하나가 바로 도박 중독이다. '노름'이라고 불린 도박은 예전부터 한국 사회에 깊이 잠재해 왔다. 도박은 우연성의 비중이 크고 약간의 기량이 필요하다. 도박은 스릴이 넘치기에 쉽게 빠져나오기란 어렵다. 도박 중독(Gambling Addiction)은 만성화된 자기 조절 실패로 인해 초래되는 것이다. 이를 위한 네 가지 대안은 이렇다.

1) 자기 조절과 자기 통제력

갈라디아서 5장 22-23절에서 말하는 성령의 마지막 열매는 무엇인가?

"오직 성령의 열매는 사랑과 희락과 화평과 오래 참음과

자비와 양선과 충성과 온유와 절제니 이같은 것을 금지
할 법이 없느니라"

성령의 마지막 열매는 바로 절제이다. 이렇듯, 도박 중
독자뿐만 아니라 모든 중독자는 성령의 마지막 열매를 간
구하여 절제를 갖추도록 해야 한다.

2) 낙관주의로부터의 탈피

누가복음 12장에서 한 부자는 밭에 소출이 풍성해지자
곳간을 헐고, 더 크게 짓고, 모든 곡식과 물건을 거기에 쌓
아 두려고 하였다. 그러나 하나님은 "어리석은 자여 오늘
밤에 네 영혼을 도로 찾으리니"라고 말씀하셨다.

"또 비유로 그들에게 말하여 이르시되 한 부자가 그 밭
에 소출이 풍성하매 심중에 생각하여 이르되 내가 곡식
쌓아 둘 곳이 없으니 어찌할까 하고 또 이르되 내가 이
렇게 하리라 내 곳간을 헐고 더 크게 짓고 내 모든 곡식
과 물건을 거기 쌓아 두리라 또 내가 내 영혼에게 이르
되 영혼아 여러 해 쓸 물건을 많이 쌓아 두었으니 평안
히 쉬고 먹고 마시고 즐거워하자 하리라 하되 하나님은
이르시되 어리석은 자여 오늘 밤에 네 영혼을 도로 찾으

리니 그러면 네 준비한 것이 누구의 것이 되겠느냐 하셨으니"(눅 12:16-20)

도박 중독자들은 도박을 통해 돈을 따기보다 잃는 경우가 훨씬 많다. 그러나 대부분 언젠가는 돈을 딸 수 있으리라고 생각하는 낙관적이고 긍정적인 사고를 가지고 있다. 지금은 비록 돈을 잃고 있지만, 이 경험을 바탕으로 언젠가는 크나큰 반전을 이룰 수 있을 것이라고 생각한다. 그렇기 때문에 도박을 끊지 못하고 계속해서 시도하는 것이다.

3) 인지 치료

인지 치료에는 네 가지 요소가 있다.

a. 비합리적 인지의 타성에 관한 의문을 제기해야 한다.
b. 인지적 오류에 관한 인식을 증가시켜야 한다.
c. 교육해야 한다.
d. 인지적 재구성이 이루어져야 한다.

이런 인지 치료를 통해 인지행동 치료까지 이르러야 한다. 사실 도박 중독은 왜곡된 인지를 통해 지속해서 도박

하는 행동으로 나아간다. 중독자에게 돈을 딸 가능성이 희박하다는 것과 앞으로도 계속해서 잃기만 할 것이라는 생각을 주입해야 한다. 이런 도박 관련 역기능적 인지의 하위 요소로는 '통제에 대한 착각', '해석 편향', '도박의 긍정적 효과에 대한 기대'가 있다.

4) 자신과 가족을 책임지는 자세

도박 중독자는 자신과 가족을 돌보지 않고, 자신의 수입을 전부 도박에 건다. 이는 무계획 충동성으로 인한 것이다. 그러나 자신이 어떤 역할과 책임이 있는지 인지하고, 노력하도록 해야 한다.

재석이네 아버지는 꽤 괜찮은 회사를 다녔다. 그런데 어느 날 동료 직원과 도박에 손을 대게 되었고, 3년 만에 살던 집을 날리고 말았다. 가정의 돈이란 돈은 다 도박에 쏟았다. 사실 더 큰 문제는 집만 날린 것이 아니라 가정을 날린 것이었다. 재석이의 아버지는 전혀 가정을 돌보지 않았다. 사춘기 시기를 보내는 재석이와 같이 시간을 보내 주기는커녕, 집에도 잘 들어오지 않았다. 집에 들어와도 엄마와 다투었고, 가정은 생지옥이었다. 재석이는 사춘기 시절 학원에 다니거나 과외를 받는 것은 고사하고, 용돈도 받을 수 없었다. 재석이의 성적은 점점 떨어졌다. 그러나 정말 큰 문제는 성적보다 내적 평안을 잃은 것이었다.

또 하루는 대학생 성철이가 멀리서 상담을 받으러 왔었다. 청소년 시기가 지난 대학생이 부모 말을 듣고, 상담받으러 오기란 흔한 일은 아니다. 알고 보니 성철이 아버지는 개척교회 목회자였다. 개척교회를 섬기는 부모님 아래에서 가난한 삶이 불안했던 성철이는 자신이 집안을 일으켜야겠다는 생각을 하게 되었고, 중학교 때 도박에 처음 손을 댔다. 처음에 작은 돈으로 시작해 한두 푼 벌게 되자 기분이 좋았다. 자신의 용돈 정도는 앞으로도 계속 벌 수 있을 것이라고 생각했다. 그런데 시간이 지날수록 돈을 벌기는커녕 빚을 지게 되었다. 개척교회로 형편이 어려운 부모님이 빚을 갚아 주시는 일이 반복되었다. 그런데도 스포츠 토토 도박을 끊지 못했다. 결국 자신을 도저히 컨트롤할 수 없어 상담을 받으러 온 것이었다.

도박은 하면 할수록 빚의 늪에 빠진다. 자신도, 가족도 돌보지 못한다. 도박을 통해 돈을 벌 수 있을 것이라는 안일한 생각에서 벗어나야 한다.

1. 이번 챕터에서 배우고 느낀 것은 무엇인가요?

2. 갈라디아서 5장 22-23절에서 말하는 성령의 마지막 열매가 나의 삶에서 어떻게 나타나고 있나요?

3. 하나님이 성을 만드신 이유는 개인적 쾌락을 위한 것이 아니라 무엇을 위함인가요?

4. 나는 부모님으로부터 성에 대해 어떤 모습을 학습할 수 있었나요?

5. 도박 중독자의 낙관적이고 긍정적인 사고를 치료하기 위해서는 어떻게 해야 하나요?

PART 3.
중독 탈출 – 교회의 역할

1. 다음세대가 나아가야 할 곳

"교회에 중독자들이 있는 줄은 알았습니다. 그런데 이렇게 다음 세대뿐만 아니라 부모 세대도 중독에 노출되어 있는지는 몰랐습니다. 목사님, 이번 한 번이 아니라, 부모들을 대상으로 세 번 정도 세미나를 부탁드립니다. 다음세대를 위해서도 최소 세 번은 집중 교육을 해 주시면 좋겠습니다."

한 교회의 금요 집회에서 중독에 관한 세미나를 진행한 적이 있다. 담임목회자의 첫째 아들이 스마트폰 중독이었는데, 그날 오지 못했었다. 대신 그 자리에 참석했던 둘째 아들이 중독의 심각성을 인지하고 중독의 위험성에 대해 공감하게 되었다고 말했다. 담임목회자와 기획하여 부모 세대를 위해서 그리고 다음세대를 위해서 중독에 관한 추가 교육을 진행했다.

이 시대, 교회가 할 일이 점점 많아지고 있다. 수많은 영혼이 중독, 우울, 상처에 허덕이고 있기 때문이다. 그렇다면 중독을 외면만 할 것이 아니라, 체계적인 교회의 역할과 대안을 세워 나가야 한다. 교회는 중독에 빠진 청소년들을 어떻게 인도해야 할까?

교회가
해야 할 일

1) 하나님의 형상을 회복하도록 도와야 한다

교회 밖뿐 아니라, 교회 안 청소년들은 무엇을 닮아 가고 있을까? 세상과 다름없이 경쟁과 성공 위주의 삶을 부추기는 크리스천 학부모들의 모습을 보며, 아이들의 모습 속에 하나님의 형상을 발견하기가 쉽지 않다. 또 어쩌면 교회 교육마저도 세상적 성공을 부추기는 역할을 하고 있지 않은지 돌아보아야 할 때이다.

수능이 끝나고 교회를 떠난 민재라는 아이를 만난 적이 있다. 민재는 수능을 본 후 시험에 들어, 교회를 떠나고 말았다. 같이 수능을 본 교회 친구 승철이가 명문 대학에 합격을 했는데, 교회에 '최승철 ○○대학교 합격'이라는 축하 현수막이 걸린 것이다. 고3이 되어서도 교회의 교육 행사에 적극적으로 참여한 민재는, 고3이 되면서 교회에는 일절 나오지 않고 공부에만 전념하는 승철이를 보며 걱정을 했다. 그런데 성적을 월등히 올렸다는 이유로 승철이의 이름이 교회 외벽과 주보에 광고되니 민재는 자괴감을 느끼게 되었다. 승철이는 수능 이후에도 교회에 나오지 않았지만, 교회에서는 여전히 승철이에 대한 칭찬과 부러움의 이야기만 자자했다. 교회에서조차 신앙생활보다 성적을 더 중요시하는 것 같아 실망을 느낀 민재는 교회를 떠나고 말았다.

이러한 상황에서 교회는 어떻게 해야 할까? 성공적인 결과를 바탕으로 신앙의 척도를 계산하는 것은 과연 하나님의 형상을 닮을 수 있도록 도와야 할 교회의 역할이 맞을까?

교회와 부모는 자녀가 세상의 형상을 닮아 가도록 부추겨서는 안 된다. 자녀들이 하나님의 형상을 닮아 가도록 안내해 주어야 한다. 또한, 하나님이 우리가 어떤 하나님의 영향을 닮기 원하시는지 알게 해야 한다.

> "하나님이 이르시되 우리의 형상을 따라 우리의 모양대로 우리가 사람을 만들고 그들로 바다의 물고기와 하늘의 새와 가축과 온 땅과 땅에 기는 모든 것을 다스리게 하자 하시고 하나님이 자기 형상 곧 하나님의 형상대로 사람을 창조하시되 남자와 여자를 창조하시고 하나님이 그들에게 복을 주시며 하나님이 그들에게 이르시되 생

육하고 번성하여 땅에 충만하라, 땅을 정복하라, 바다의 물고기와 하늘의 새와 땅에 움직이는 모든 생물을 다스리라 하시니라"(창 1:26-28)

하나님은 사람에게 피조물의 소유가 되거나 정복을 당하라고 하지 않으셨다. 우리가 세상에 정복당하고 중독되는 것이 아니라, 오히려 생육하고 번성하며 땅에 충만하고, 땅을 정복하기까지 하라고 말씀하셨다.

2) 비전을 찾도록 도와주어야 한다

"저는 교회에서 소모품일 뿐이었어요."

교회를 떠난 어느 청년의 외침이었다. 청년은 음향과 영상 전공자라는 특수성으로 일찌감치 교회의 부름을 받았다. 그로 인해 일주일 중 5일을 교회에서 보냈다. 처음에는 자신의 은사가 쓰이는 것에 기쁨이 컸다고 한다. 하지만 음향, 영상에 대한 실수를 용납하지 않고 분노하는 목회자의 모습, 아파도 빠질 수 없게 하는 교회의 구조적인 문제가 마치 자신을 음향, 영상 소모품으로 느끼게 했다고 한다. 청년이 자신의 은사를 교회에서 사용하며 기대했던 것은 무엇일까? 단 하나 확실한 것은, 교회의 소모품으로 전락하는 것만은 아니었을 것이다. 자신이 하나님께 쓰임받는 소중한 존재임을 느끼고 싶었을 것이다. 그리고 그 가운데 하나님을 위한 비전을 찾고 싶었을 것이다. 그러나 교회에서 그는 소모품일 뿐이었다.

교회는 다음세대에게 꼭 전해야 할 것이 있다. 그것은 바로 다음세대의 정체성이 무엇인지, 하나님이 나를 얼마나 소중하게 생각하시는지, 또한 하나님이 얼마나 나와 일하고 싶어 하시는지를 깨닫게 해 주는 것이다.

> "너희 안에서 행하시는 이는 하나님이시니 자기의 기쁘신 뜻을 위하여 너희에게 소원을 두고 행하게 하시나니"(빌 2:13)

하나님은 각 사람이 하나님 안에서 자신의 기쁘신 뜻, 즉 비전을 위하여 소원을 두고 행하기를 원하신다. 교회는 다음세대가 꿈과 비전을 찾도록 응원해 주어야 한다. 중독에 빠지는 경우는 삶의 목표가 없을 때 더 강력히 일어난다. 삶의 방향성이 없으면 방황한다. 방황하면 방탕하게 된다. 방탕하게 되면, 중독의 늪에 빠져서 벗어나지 못한다.

중독되면 현실 세계를 제대로 인지하지 못한다. 술, 게임, 마약, 도박 등 중독에 빠지면 현실과 가상 세계를 구분하지 못한다. 중독만 묵상하다 보면 오히려 중독에서 나올 수 없다. 중독에서 빠져나오고 자유하게 하려면 비전의 사람이 되게 해야 한다.

비전트립이나 단기선교를 통해 현실 세계 속에 자신들이 섬겨야 할 사람들이 있다는 사실을 깨닫고, 작은 섬김이라도 하고자 하는 뜨거운 마음을 품는 것을 보았다. 그럴 때 더 이상 가상 세계에 머무르지 않고 현실 세계로 나와 자신의 뜨거운 심장으로 섬길 대상을 찾는다. 자기의 비전을 고민하며 비전의 사람으로 변화되어 간다.

다음세대를 소모품이 아닌, 하나님의 동역자로 만들 때 그들은 중독에서 자유하게 될 것이다.

3) 하나님의 영광을 위해 살도록 가르쳐야 한다

웨스터민스터 소요리 문답 1문을 보면, 인간의 제일 되는 목적은 "하나님을 영화롭게 하는 것과 영원토록 그를 즐거워하는 것"이라 말한다.

에어팟, 아이패드, 골든구스 운동화, 톰 브라운. 이 시대의 다음세대가 간절히 원하고 있는 소비 목록의 일부이다. 오래전 노스페이스 패딩이 부모님들의 등골브레이커로 이름을 떨치던 때와 마찬가지로, 아니 더욱더 비싼 물품들을 얻어 내기 위해 다음세대는 고군분투하고 있다. 공부하는 이유도, 열심히 아르바이트하는 이유도, 직장에 취업하는 이유도 모든 것이 자신들을 영화롭게 하는 것에 목적을 두고 있다. 어디에서도 하나님을 영화롭게 하는 다음세대의 노력을 찾아볼 수 없다.

예전에 미국의 유명 목사들이 명품 신발, 명품 옷, 명품 차를 타고 다닌다는 기사를 본 적이 있다. 멀리 갈 필요도 없다. 많은 목회자의 손목에 있는 유명 브랜드의 스마트 워치, 새로운 기종이 나올 때마다 바뀌는 스마트폰 등 한국교회 목회자들이 자신을 영화롭게 하는 데 급급해하는 사이 아이들을 나무랄 기회가 사라져 버렸다.

> "그러므로 땅에 있는 지체를 죽이라 곧 음란과 부정과 사욕과 악한 정욕과 탐심이니 탐심은 우상 숭배니라"(골 3:5)

교회는 하나님을 영화롭게 하는 자들이 모이는 곳이어야 한다. 그래야 세상을 섬기다 지친 사람들이 교회로 돌아올 수 있다. 교회를 떠난 다음세대는 "교회나 세상이나 크게 다를 게 없어요"라고 말한다. 교회가 세상을 섬길 때, 다음세대 역시 그 뒤를 따르고 있음을 기억해야 한다. 교회는 하늘의 것을 보여 줄 수 있는 유일한 공동체이다. 그 무기를 버린다면 교회는 쓰임받지 못할 것이다.

1. 이번 챕터에서 배우고 느낀 것은 무엇인가요?

2. 가정 혹은 교회에서 중독 문제를 해결하기 위해 어떤 구체적인 프로그램이나 활동을 도입하면 좋을까요?

3. 다음세대가 비전트립, 단기선교에 참여할 때 좋은 점은 무엇일까요?

4. 내가 닮아야 할 하나님의 형상은 어떤 모습인가요?

5. 가진 것에 만족하기 위해서는 어떤 영적 자세와 마음 자세가 필요할까요?

2. 마땅히 해야 할 신앙적 케어

"지윤이가 기도 제목이에요. 중학교 때까지는 제법 공부도 잘했는데, 고등학교 가서는 매일 스마트폰만 쳐다보고 있어요. 학교에서 친구들과 어울리지 못해서 방 안에만 있는데, 눈을 뜨고 있는 동안에는 스마트폰만 쳐다봐요. 어떻게 하면 좋을까요?"

지윤이의 부모님은 두 분 다 의사고, 오빠는 몇 년 전 명문 의대에 합격했다. 그러나 청소년기의 지윤이는 어느 순간 학업을 놓더니 친구들과 어울리기를 극도로 피하기 시작했다. 불안 증세를 보이는 지윤이에게 가족들은 공부하라는 말도, 학교에 가라는 말도 할 수가 없었다. 그러면서 지윤이는 스마트폰과 밀착된 삶을 살게 되었다. 그 밀착이 점점 심각한 중독 증세를 보이고, 가족과의 단절로 이어지고 있었다. 학업을 향한 부모님의 강력한 요구에 대한 스트레스뿐 아니라, 오빠처럼 부모님의 높은 기대치를 채워줄 수 없을 거라는 생각에 마음의 문을 닫은 것이다. 교회는 지윤이와 같은 중독자가 더 생겨나지 않도록 신앙적으로 어떻게 케어해야 할까?

신앙적으로 케어하기 위한 방법

1) 그리스도 안에서 연합하도록 해야 한다

중독된 사람은 대부분의 시간을 중독의 대상과 함께한다. 어린 시절 부모님의 이혼으로 어머니와 단둘이 살게 된 하영이는 스마트폰 중독이다. 생계를 위해 일을 하시는 어머니에게 건네받은 스마트폰과 긴 세월을 함께했다. 지금은 모든 시간을 스마트폰과 함께하고 있다. 언제나 함께하기에 중독되어 버린 것이다. 그들이 함께하는 대상을 바꾼다면 어떻게 될까?

우선, 부모와의 관계를 회복해야 한다. 부모가 더 노력해야 한다. 그리고 자녀도 노력해야 한다. 하지만 사람의 문제는 사람과의 관계 속에서 답을 찾지 못할 때도 있다. 사람을 창조하신 하나님을 만나야 한다. 그리고 하나님과 연합해야 한다. 바울은 로마서 6장 5절에서 이렇게 말했다.

"만일 우리가 그의 죽으심과 같은 모양으로 연합한 자가 되었으면 또한 그의 부활과 같은 모양으로 연합한 자도 되리라"

우리는 예수 그리스도의 사도로 예수님의 죽으심과 부활에 연합한 자가 되어야 한다. 세상의 다른 중독과 연합하고, 그런 모양을 비추는 자가 아니라 거룩한 그리스도의 사도가 되어야 한다.

2) 가정-교회-학교의 연계를 이루어야 한다

가정과 교회는 연계하려고 계속 노력하고 있다. 그러나 실제로 많은 시간을 보내는 학교에서 다음세대는 어떤 존재로 살아가고 있는가? 주일에 배우는 신앙의 내용이 학교와 학원의 장에서 펼쳐지도록 관심을 가져야 한다.

이를 위해서는 크리스천 교사의 역할이 중요하다. 중독에 대한 교육을 통해 학교 현장에서 만나게 되는 학생들을 영적인 시선으로 바라보고 돌보아야 한다. 교회마다 출석하고 있는 학교 교사들을 위해 중독의 이해에 대한 교육과정을 개설하여 양육해야 한다.

더 나아가, 사회단체와 교계가 가정과 연합 활동을 이루어야 한다. 중독은 개인적으로, 가정적으로 노력만 한다고 되는 것이 아니다. 사회적으로 술, 담배, 게임, 도박이 넘쳐 나게 되면, 아무리 예방하고, 조심해도 소용이 없다. 범국민적으로 서로 연계하여 협력하고 적극적인 탈 중독화가 일어나도록 해야 한다.

3) 중독 상담가를 연결해 주어야 한다

중독자는 혼자 중독에서 자유롭게 되기 쉽지 않다. 반드시 케어해 줄 전문 상담가를 만나야 한다. 사람은 만남을 통해 회복된다. 우리가 중독에 대해 더 깊이 알고, 교육하고, 상담할 인재를 양성해야 하는 이유이기도 하다.

조선 시대 율곡 이이는 나라를 지키기 위해 10만 양병설을 주장했다. 그러나 그 의견은 묵살되고, 임진왜란이 터지자 침략에 대비하지 않은 조선은 추풍낙엽처럼 무너졌고 수도 한양까지 잃었다. 2020년 9월 10일 과학기술정보통신부는 한국판 뉴딜의 주요 과제 중 하나로 꼽히는 인공지능(AI)·소프트웨어(SW) 10만 인재를 양성하겠다고 밝혔다. 10만 군인 또는 인공지능·소프트웨어 인재를 양성하듯이, 사회를 건강하게 만들고 유지하기 위해서는 중독에 대처하고, 상담하며 가르칠 인재 역시 필요하다.

비대면 시대에는 인터넷 상담사도 필요하다. 인터넷 상담은 청소년을 상담하는 데 유용하다. 익명성이라는 특징으로 내담자의 비밀이 보장되기 때문에 누구나 쉽게 상담에 응할 수 있다. 인터넷 상담은 메일, 비밀글, 익명 게시판을 통한 상담과 채팅이나 문자메시지를 통한 실시간 상담으로 나뉠 수 있다. 인터넷을 통한 상담은 신앙 상담의 많은 분야에도 활용할 수가 있다. 또한 인터넷에 중독된 다음세대를 위해 그릇된 인터넷 사용의 폐단이 무엇인지 알려 주어야 한다.

    실제 상담을 통해서도 중독을 치료받게 해야 한다. 폴 트립은 저서 『치유와 회복의 동반자』에서 성경적 상담을 할 때 여덟 가지를 살펴볼 것을 말한다.

첫째, 내담자 상황은 어떠한가?
둘째, 내담자는 어떻게 반응하는가?
셋째, 내담자를 지배하는 것은 무엇인가?
넷째, 내담자 반응의 결과는 무엇인가?
다섯째, 하나님은 어떻게 말씀하시는가?
여섯째, 내담자는 어떻게 하나님께 나아가 도움을 구할까?
일곱째, 내담자가 하나님께 영광을 돌리기 위해 어떻게 상황에 반응할까?
여덟째, 믿음과 순종 가운데 사는 내담자의 삶의 결과는 어떠한가?

이와 같은 원리를 가지고 중독자를 상담하면 좋다.

첫째, 중독자가 어떤 상황인지
둘째, 중독자가 어떻게 반응하는지
셋째, 중독자를 지배하는 것은 무엇인지
넷째, 중독자 반응의 결과는 무엇인지
다섯째, 하나님은 중독자에게 어떻게 말씀하시는지
여섯째, 중독자는 어떻게 하나님께 나아가 도움을 구할지
일곱째, 중독자가 하나님께 영광을 돌리기 위해 어떻게 상황에 반응할지
여덟째, 믿음과 순종 가운데 사는 중독자의 삶의 결과는 어떠할지

상담자가 피상담자와 이상의 여덟 가지를 같이 고민해 주는 과정이 필요하다.

존 맥아더는 『상담론』이라는 책에서 "피상담자에게 소망을 심어 주어야 한다"라고 말한다. 단순히 인본주의적 상담이 아니라, 하나님 안에서 소망을 심어 주어야 한다고 했다. 중독자를 상담할 때 중독자의 상태를 분석만 할 것이 아니라, 중독자에게도 소망이 있음을 알려 주어야 한다. 그리고 무엇보다 한두 번의 상담이 아니라 지속적인 보살핌이 있어야 한다.

데이비드 A. 폴리슨은 책 『정신의학과 기독교』에서 성경적 상담학자 제이 아담스가 권면적 상담을 통해 많은 사람을 상담하고, 치유와 회복을 경험했음을 말한다. 제이 아담스는 성경 자체가 목회자들이 상담할 때 필요한 내용을 충분히 가르치고 있다고 한다. 그러기에 목회자들과 교사들은 더 성경을 묵상하고 연구하며, 돌보는 양 무리를 더 상담하고 케어해야 할 것이다.

4) 교육 프로그램을 열어야 한다

무엇이 중독이고, 중독의 위험성이 무엇인지를 알려야 한다. 그러기 위해서 체계적인 중독 예방 프로그램에 참석하고 정기적인 세미나와 중독 예방 교육을 받아야 한다. 부지런히 하나님 말씀을 가르치고, 죄와 중독에 대해서도 배워야 한다.

예비 부모도 교육이 필요하다. 중독은 예방이 가장 중요하기 때문이다. 다음세대가 중독에 빠지는 시기를 보면, 의외로 영유아기가 많은 비중을 차지한다. 많은 부모가 중독에 대한 이해를 가지고 있지 않기에 잠깐의 편함을 위해 아이들에게 스마트폰을 쥐여 준다. 부모로서 주어야 할 것을 주기보단, 자신들의 편의를 위해 스마트폰을 주는 것이다. 처음에는 스마트폰이나 유튜브 영상과 같은 것이라,

중독에 빠질 거라고 생각하지 못할 것이다. 그러나 부모로부터 채움받아야 할 것이 채워지지 않으면 나중에 더 많은 중독, 더 큰 중독에 빠지게 된다.

또한, 청소년과 청소년의 부모도 체계적인 교육이 필요하다. 많은 부모가 청소년기에 대해 이해하지 못한다. 부모들도 청소년기를 지나왔지만, 부모가 되는 순간 모든 것을 잊게 된다. 중독은 세대별 접근 방법이 달라야 한다. 청소년기의 중독은 관계를 바탕으로 하기 때문에 적절한 방법으로 중독을 예방해야 한다. 하지만 그것을 알 리 없는 부모들은 그저 중독을 예방하겠다며 무조건 "안돼"를 연발하거나, 어쩔 수 없이 자녀의 손에 스마트폰 등을 쥐여주고는 전전긍긍한다. 누구보다 부모가 청소년의 특성을 잘 알아야 한다.

마지막으로, 중독 청소년의 섬김이에 대한 교육이 필요하다. 이미 중독에 빠진 청소년들을 어떻게 해야 할까? 스마트폰을 창밖으로 던지는 교사를 보았다. 컴퓨터를 부수는 부모도 많다. 그로 인해 창밖으로 몸을 던진 청소년, 부모를 폭행하는 청소년을 심심치 않게 접하게 된다. 이 모든 일은 중독 청소년에 대한 이해가 없기 때문이다. 중독자를 제대로 케어하기 위해서는 중독에 관한 이해가 급선무이다. 이것이 중독 치료의 시작이다. 중독된 자녀를 바라보는 것이 참혹한 일일 수 있다. 하지만 제대로 이해하고 접근하지 않으면 더 참혹한 결과를 낳을 수 있다. 그리고 중독 청소년에 대한 제대로 된 교육을 받아야 한다.

무엇보다, 청소년 대상 중독 예방 교육이 필요하다. 청소년기에 있어 중독은 일종의 과업이다. 그렇기 때문에 본능이 이성을 앞서는 청소년기에 본능을 충족시켜 주는 온갖 중독들에 대해 어떻게 반응하느냐가 중요하다. 절제와 인내 등을 통한 자기 관리는 성인기의 삶을 결정하는 중요한 요인이다. 하지만 청소년들은 그것을 모른다. 그저 내 눈앞에 있는 달콤한 사탕을 먹어 치워 버리고 싶을 뿐이다. 그렇기 때문에 교육해야 한다. 현재를 위해 미래를 희생하지 않도록 교육해야 한다.

중독 청소년에 대한 회복 프로그램도 필요하다. 사실 가장 어려운 것이 이미 중독에 빠진 청소년을 구출해 내는 것이다. 이를 위해 우리가 해야 할 것은 중독거리보다 더 맛있는 것을 그들에게 맛보여 주는 것이다. 그 맛있는 것은 무엇일까? 하나님의 사랑을 닮은 부모의 사랑, 그리고 하나님과의 교제이다. 그것을 위해 중독 청소년에 대한 교육은 반드시 중독에 대한 이해가 있는 교회가 해 주어야 한다.

1. 이번 챕터에서 배우고 느낀 것은 무엇인가요?

2. 그리스도와의 연합이 중독에서 벗어나는 데 있어 중요한 역할을 한다면, 교회는 중독 청소년들에게 어떻게 그리스도와의 연합을 경험하게 할 수 있을까요?

3. 가정과 교회, 그리고 학교가 연계하여 중독 예방 및 치료를 위해 협력할 수 있는 구체적인 방안은 무엇이 있을까요?

4. 중독 예방을 위해 청소년뿐만 아니라, 학부모를 대상으로 어떻게 신앙적 코칭을 해 주어야 할까요?

5. 중독 예방을 위해 교회는 공동체적으로 어떤 노력을 하면 좋을까요?

3. 건강한 소그룹(1) : 사랑만이 답인 공동체

"와…. 목사님, 오늘 진짜 많이 찔렸어요."

한 교회에서 중독 세미나를 시리즈로 했었다. 첫 주에 중독 개론을 나누었다. 청소년들도 참석했었다. 한 청소년이 중독 개론을 듣고 많이 찔렸다고 했다. 사실 이런 반응을 보이는 것은 아주 건강한 것이다. 문제가 있음을 자각했기에 보이는 반응이기 때문이다. 중독 메시지를 들은 상당수가 이런 고백을 한다. "제가 중독자인 줄 몰랐는데, 저도 중독자였네요…." 이렇게 고백하는 사람은 회복의 여정으로 들어오기 위해 첫걸음을 뗀 자이다.

집회에 가서 청소년, 청년, 장년들에게 늘 첫 번째로 이 질문을 한다. "이 중에 자신이 중독자라고 생각하는 사람은 잠시 손을 들어 주세요!" 감사하게도 적지 않은 사람들이 꼭 손을 든다. 이렇게 손을 들고, 자신이 중독자임을 시인하는 자는 건강한 것이다. 이처럼 중독에 더 깊이 빠지지 않기 위해서는 무엇보다 중독을 자각해야 한다.

이렇게 자신이 중독자임을 인지하고, 치유를 위해 공동체 속으로 더 깊숙이 들어와야 한다. 자신을 과신해서는 안 된다. 넘어질 때 붙잡아 줄 공동체가 있어야 한다. 다니엘은 바벨론 포로기에 함께해 준 친구들, 사드락, 메삭, 아벳느고가 있었다. 종교 개혁을 일으켰던 루터와 칼빈에게도 동역자가 있었다. 스펄전에게도 지하에서 기도하는 400명이 있었다. 이처럼 함께하는 사람이 있어야 한다. 혼자는 안 된다. 공동체에 들어가야 한다. 예배라는 것은 그냥 잠깐 왔다 가는 것이 아니다. 소그룹 모임을 통해 그날 들은 설교를 기억하며 나누어야 한다. 서로의 삶을 나누며 기도제목을 나누며 함께 기도하는 공동체를 만나야 한다. "나는 이렇게 부족한 사람입니다. 저를 좀 도와주세요. 저는 이렇게 연약합니다. 저를 위해 기도해 주시고 도와주세요." 공동체 속으로 들어와 이와 같은 고백을 진술하게 나눌 때 회복된다. 단순히 '아, 내가 문제가 있구나!'라고 생각하는 사람은 마치 거울을 보고 '저기 지저분한 사람이 있네!' 하고 그냥 지나가는 것과 같다.

기러기는 먹이와 따뜻한 곳을 찾아 40,000km를 비행한다. 기러기는 리더를 중심으로 V자 대형을 그리며 창공을 날아간다. 가장 앞에 날아가는 리더의 날갯짓은 기류에 양력을 만들어 준다. 뒤에 따라오는 동료 기러기가 혼자 날

때보다 71% 정도 쉽게 날 수 있도록 도와준다. 뒤에서 비행하는 기러기는 먼 길을 날아가는 동안 끊임없이 울음소리를 낸다. 그 울음소리는 앞에서 거센 바람을 가르며 날아가는 선두에 선 기러기에게 보내는 응원이다. 혹, 어느 기러기가 총에 맞거나, 아프거나, 지쳐서 대열에서 이탈하면 동료 기러기 두 마리도 함께 대열에서 이탈한다. 그러고는 지친 동료가 원기를 회복해 다시 날 수 있을 때까지 함께해 준다. 또는 생을 마감할 때까지 그 곁을 함께 지키다 무리로 돌아온다. 건강한 공동체는 이와 같다. 다른 지체가 아플 때, 지칠 때 회복을 위해 함께 옆에 있어 준다. 공감하며 치유될 때까지 기다려 준다. 사람이 사람에게 받은 상처는 하나님의 사람을 통해서 위로를 받고 회복된다. 하나님께서 직접 치유해 주실 수도 있지만, 주님은 함께하는 주의 백성을 통해 만지실 때도 많다.

 겨울에 혼자 있으면 춥다. 같이 있으면 그나마 따뜻하다. 모여 있으면 열을 발산하여 더 따뜻해진다. 각자 열을 뿜어내며 온기를 전달하기 때문이다. 별것 아닌 것처럼 보여도, 이 온기를 무시하지 못한다. 에너지를 받게 되어 있다. 같이 있으므로 이런 축복을 받는다. 좋은 공동체 속에 있기만 해도 위로를 받을 수 있다. 도전을 받고 하나님을 더 깊이 경험할 수 있다.

'라파치유공동체'를 섬기는 윤석모 목사는 충남 지역에서 20여 년간 중독자 사역을 감당하고 있다. 그는 2001년 영국에서 예수님의 이름으로 행해지는 중독 치유 사역을 보고 중독 사역에 헌신하기로 결단하고 뛰어들었다. 첫 3년 동안에는 아무 일도 일어나지 않았다. 열매가 없으니 너무 힘들었다. 그때 그를 다시 일으킨 음성이 있었다. "외양간에 소와 밭에 작물이 없더라도 괜찮니?" 마치 주님이 "나만으로 안 되겠니?"라고 말씀하시는 듯하였다. 그리고 주님이 "네가 나의 열매다!"라는 말씀으로 위로해 주셨다. 중독자들을 보면 두려울 때도 있고, 가끔은 이해할 수 없는 모습들에 괴롭기도 하다. 그러나 그들의 속을 알고, 그들을 사랑하기 때문에 사역할 수 있다고 한다. 특히, 교회는 낮은 곳, 아픔이 있는 곳으로 가야 하기에 중독자들을 품으며 나아갈 수 있다고 고백한다.

캐나다 밴쿠버의 와그너 힐 중독 치유 회복 센터에는 성 중독 및 동성애 중독, 알코올 중독, 마약 중독 그리고 부모에게서 학대를 받았던 사람들이 모여 있다. 그 사람들이 모인 공동체에 몇 차례 방문했다. 그곳은 생명이 흘러가 중독자가 회복을 받고, 그 회복된 중독자가 다른 중독자를 케어해 주는 곳이었다.

그들은 매일 아침 6시에 일어난다. 아침 식사 후 다 같이 경건의 시간을 갖는다. 두 시간 동안 예배하고 찬양하면서 성경 말씀을 암송한다. 오후에는 예외 없이 노동한다. 저녁이 되면 일기를 쓴다. 중독에 걸린 자가 상담사를 만난다고 모두 치료되지는 않는다. 10분, 20분 시간을 내어 주는 상담사가 모든 중독의 문제를 해결하기란 쉽지 않다. 도박하지 못하도록 감금되어 있으면 중독이 저절로 사라질까? 아니다. 세상에 나오면 다시 도박에 빠진다. 도박한 자가 후회하고, 손목을 자르면 도박 중독에서 빠져나올 것 같지만 발로도 도박한다. 손으로 못하면 다른 방법을 찾아 작대기로라도 누르면서 도박을 하며 일생을 마감한다.

중독은 어느 정도 유전이 된다. 100% 유전이 아니라, 전체적으로 50% 정도 유전된다고 보면 된다. 예를 들면, 술을 많이 마신 아버지 밑에서는 술을 좋아하는 자녀가 나올 확률이 높다. 폭력적인 부모의 자녀, 그 자녀가 또 자녀를 낳으면 폭력적인 자녀를 키워 낼 확률이 높다. 확률이 높은 것이지, 중독자 자녀가 다 중독자가 된다는 말은 아니다. 그러나 중독 유전 확률을 낮추려면, 중독을 자신의 대에서 끊어야 한다. 중독자가 발버둥 쳐야 할 이유가 이것이다. 중독된 상태에서 결혼하면 배우자도, 자녀도 고통받는다.

중독자는 상처를 주고도 그게 상처인지를 모른다. 옆에

서 누군가 괴로워해도 어쩔 수 없다고 생각한다. 주님은 우리를 빛으로 부르셨다. 주님은 우리가 다시 태어나기를 원하신다. 중독에 빠지는 비율은 점점 더 높아만 가고 있다. 이런 세상 가운데 중독 치유의 희망은 교회이기에 교회가 중독자들이 진정 자유로워지도록 섬겨야 하고, 그 중요한 역할을 놓쳐서는 안 된다. 중독 치유 공동체가 사역을 제대로 하기 위해서는 중독자들에게 가족 같은 곳이 아니라, 진정한 가족이 되어야 한다. 진짜 가족이 되지 않으면 가족'처럼' 대하고, 거리를 두고 돌보지 않는다. 진짜 가족이라면 다가가서 사랑하고, 중독자를 자기 자녀로 품고 돌본다.

중독자를 제대로 품고 회복시키려면 중독자를 내 생각대로 바꾸려는 시도를 멈추어야 한다. 그저 그의 이야기를 먼저 들어 주어야 한다. 윤석모 목사는 "사랑만이 답"이라고 말한다.

중독자를 돌보는 일도 중요하지만, 교회는 벼랑 끝에 있는 중독자의 가족도 돌봐야 한다. 중독 가정을 심방할 때 깊이 있게 듣고 공감해 주어야 한다. 규칙적으로 보살펴야 한다. 그래야 중독자는 물론 그 가정도 숨을 쉴 수 있다. 교회의 목회자와 목양하는 리더는 중독 나라에 파송된 선교사라는 사실을 잊지 말아야 한다. 이 혼탁한 세상에서 사탄은 수많은 사람이 하나님을 떠나도록 강력한 덫인 중독에 빠지게 한다. 하나님을 저버리고, 등지게 한다. 중독은 결핍에서 오는 병이다. 이런 결핍에서 벗어나려면, 건강한 공동체가 조건과 편견 없이 사랑으로 품어 주어야 한다. 중독자를 조건 없이 품기는 쉽지 않다. 때로는 가족도 감당하기 쉽지 않다. 그러나 중독자는 기댈 공동체, 품길 공동체가 필요하다. 중독 치료를 위해서는 교회 공동체의 역할이 중요하다.

1. 이번 챕터에서 배우고 느낀 것은 무엇인가요?

2. 왜 중독 문제를 인지하는 것이 중독 치유의 첫걸음이 될 수 있을까요?

3. 중독을 자각한 후에 교회 공동체에 더 깊이 들어가야 하는 이유는 무엇일까요?

4. 신앙적 공동체가 중독 회복 과정에서 중요한 역할을 하는 이유는 무엇일까요?

5. 대열에서 뒤처진 기러기를 동료들이 돕는 것처럼, 가정 혹은 교회 안에서 돌봐야 할 중독자는 누구일까요?

4. 건강한 소그룹(2) : 12단계의 회복 프로그램

"3층에서 뛰어내렸어요. 그냥 뛰어내려도 될 것 같았고, 다치지 않을 줄 알았어요. 그런데 뛰어내린 뒤 발목뼈가 산산이 조각났어요. 수술을 받고, 재활 치료를 하게 되었어요. 지금은 수영도 하고 걸어 다니지만, 사람들과 어울리는 것은 여전히 어렵네요. 건강한 사람들과 대화하고 싶어요…."

우울증이 있는 재원이는 키 180cm에 100kg가 나가는 거구다. 재원이는 스트레스를 폭식으로 풀기 시작했고, 폭식 중독에 빠졌다. 그는 누구보다 지체들과 함께하는 소그룹 모임을 사모했다. 사람들과 평범하게 이야기를 나누고 싶지만, 일반적인 대화조차 참여하기가 너무 어렵다고 고백했다. 모임에 참여할 때면 주제가 금방 바뀌는 것처럼 느껴져 대화를 주고받기가 쉽지 않았기 때문이다. 중독자는 회복을 위해 건강한 소그룹 대화가 필요하다. 건강한 소그룹을 만나면, 공동체를 통해 중독을 치료받을 수 있다.

그러나 중독자들은 혼자 있거나, 건강하지 않은 공동체

에 속하기를 좋아한다. 심각한 음란물 중독에 빠진 30대 청년은 늦은 밤 방문을 걸어 잠그고 자위에 몰입한다. 그 시간을 위해 하루를 소비한다. 또한, 도박 중독자들은 도박 중독자들과 함께하며 도박 이야기와 정보를 나눈다. 그 안에서 안위를 얻기 때문이다. 이처럼 건강하지 못한 공동체(중독 그룹)나 혼자의 시간을 통해 중독에 점점 빠져드는 것이다. 대부분 중독자는 건강하지 못한 환경 속에서 더 깊은 중독에 빠지게 된다.

『중독으로부터 회복을 위한 12단계』에서 조근호 박사는 "중독은 낫지 못하는 병이라고 하지만 전혀 탈출구가 없는 것은 아니다"라고 말한다. 동시에 건강한 소그룹 안에서 치유를 받는 것이 그 무엇보다 중요하다고 강조한다. 즉, 공동체 안에 지속적인 케어와 함께 '신', '위대한 힘', '묵상과 기도', '영적 각성'을 통해 중독의 치료가 가능하다고 한다.

AA(Alcoholics Anonymous), 익명의 알코올 중독자들은 12단계의 회복 프로그램을 통해 회복이 가능함을 보여 주었다. 12단계 내용은 다음과 같다.

1) 무력함의 수용

> "우리는 알코올에 무력했으며, 우리의 삶을 수습할 수 없게 되었다는 것을 시인했다."

중독에서 벗어나려면 자신이 중독자임을 고백해야 한다. 그러나 이 첫 단계를 넘어가기란 쉽지 않다. 자신이 비참한 중독자임을 인정하게 되기 때문이다. 자신이 밑바닥 인생임을 고백하기란 죽기보다 쉽지 않다.

2) 겸손의 의미

> "우리보다 위대하신 힘이 우리를 본정신으로 돌아오게 해 주실 수 있다는 것을 믿게 되었다."

우리보다 위대하신 존재가 있음을 인정하는 것이다. 내가 더 이상 자신을 중독에서 자유롭게 할 수 있는 존재가 아님을 철저하게 받아들이는 것이다.

3) 전적인 신뢰

> "우리가 이해하게 된 대로, 그 신의 돌보심에 우리의 의지와 생명을 맡기기로 결정했다."

중독자가 중독의 대상이 아닌 다른 것에 자신을 맡긴다는 것은 절대 쉽지 않다. 신의 돌보심에 자신을 전적으로 내어 맡긴다는 것은 불신자가 신자가 되겠다고 하는 것보다 어려울 수 있다. 그러나 전적인 신뢰 가운데 자신의 회복을 위해 자신을 의탁하기로 해야 한다.

4) 도덕적 검토

"두려움 없이 우리 자신에 대한 도덕적 검토를 했다."

중독자는 도덕적으로 자신이 문제가 없다고 생각한다. 사회가 문제이고, 가정이 문제이고, 주위 사람들이 문제라고 여긴다. 그러나 자신에게도 문제가 있음을 인정해야 한다.

5) 정직한 고백

"우리의 잘못에 대한 정확한 본질을 신과 자신에게, 그리고 다른 어떤 사람에게 시인했다."

중독자가 대체로 할 수 없는 것이 바로 정직과 겸손이다. 중독에 빠지면 거짓을 말한다. 자신을 속이고, 주위 사람들을 속인다. 결코 정직하게 살아가거나 겸손하게 자기 잘못을 인정하지 못한다. 자신을 통제할 수 있다는 교만한 모습을 보인다. 주위 사람들을 힘들게 하는 언행을 하면서도 문제인지 모르며 개의치 않는다.

그러나 앞의 5단계에서 정직과 겸손의 의미와 힘을 경험하면 중독에서 나올 수 있다.

6) 완전한 준비

> "신께서 이러한 모든 성격상 결점을 제거해 주시도록 완전히 준비했다."

중독에서 나오는 것은 한순간, 일시적 결심으로 이루어지는 것이 아니다. 자신의 성격상 결점, 바르지 않은 행위적 패턴의 문제를 직시해야 한다. 어린아이에서 성인으로 자라가도록 자신을 준비시켜야 한다. 대충이 아니라 '완전한' 준비를 해야 한다.

7) 간절히 청함

> "신께 겸손하게 우리의 단점을 없애 주시기를 간청했다."

회복으로 가는 12단계 프로그램의 주체는 중독자 자신

이 아니다. '신께'라고 고백하듯 위에 계신 분이다. 그분에게 도우심을 받아야 한다는 사실을 시인해야 한다. 중독자는 자신을 도울 수 있는 위에 계신 분에게 대충 청하는 것이 아니라 '간절히' 간구해야 한다.

8) 보상할 용의

> "우리가 해를 끼친 모든 사람의 명단을 만들어서 그들 모두에게 기꺼이 보상할 용의를 갖게 되었다."

중독의 치유는 개인을 위한 것이 아니다. '우리'를 위한 것이다. 즉, 중독자뿐 아니라, 그와 연계된 사람들도 함께 회복되어야 한다. 그러려면 중독자는 사랑하는 사람들에게 실수를 고백하고 더 이상 피해를 주지 않는 것에서 그쳐서는 안 된다. 나아가 해를 끼친 모든 사람에게 기꺼이 용서를 구하고 보상할 용의가 있어야 한다. 단순히 자신을 위해 미안한 감정을 배설해서는 안 된다.

9) 보상의 실천

> "어느 누구에게도 해가 되지 않는 한, 할 수 있는 데까지 어디서나 그들에게 직접 보상했다."

보상의 실천은 '할 수 있는 데까지' 해야 한다. 보상은 말로만 하는 것이 아니다. 자신이 해를 끼친 사람들에게 용서를 구하고, 보상하기 위해 노력해야 한다. 보상을 실천하기란 쉽지 않다. 사실 보상을 실천하는 과정 중, 중독자가 오히려 보상을 받는 경우가 많다. 최선을 다해 보상할 때, 주변으로부터 중독에서 벗어날 수 있음을 인정받게 되고, 이는 회복의 원동력이 될 수 있다.

10) 시인의 일반화

> "인격적인 검토를 계속해, 잘못이 있을 때마다 즉시 시인했다."

중독에서 회복되려면 지속적으로, 즉시 잘못을 고백해야 한다. 1단계에서 자신이 중독자인 것을 시인하는 것부터 어렵다. 한 번 고백했다고 중독에서 해방되는 것도 아니다. 그래서 중독 센터에서 중독자들은 자신을 소개할 때 "저는 중독자 김○○입니다"라고 말한다. 끊임없이 자신의 부족함을 고백하고, 치유의 과정 중에 있음을 드러내는 과정이 필요하다. 그렇지 않고 자만했다가 바로 다시 더 깊은 중독으로 백 슬라이딩할 수 있다.

11) 의식적 접촉

> "기도와 명상을 통해서 우리가 이해하게 된 대로의 신과 의식적인 접촉을 증진하려고 노력했다. 그리고 우리를 위한 그의 뜻만 알도록 해 주시며, 그것을 이행할 힘을 주시도록 간청했다."

중독자는 참 신앙인이 아니다. 그러나 묵상을 하고 기도할 때 놀라운 치유를 경험할 수 있다. 의식적으로 신과 접촉하려고 했을 뿐인데 회복을 경험하는 것이다. 인간은 인간 스스로 창조되지 않았다. 신에 의해 만들어졌다. 장난감이 고장이 났을 때, 누군가가 고치지 않으면 그대로 버려질 수밖에 없다. 장난감을 만든 사람 또는 장난감에 대해 잘 아는 사람이 도와주어야 한다. 마찬가지로, 중독자가 다시 회복되려면 자신을 창조한 분에게 가야 한다. 그분에게 초점을 맞추면 놀라운 일이 일어난다.

12) 영적 각성과 메시지 전달

> "이런 단계들의 결과, 우리는 영적으로 각성되었고, 알코올 중독자에게 이 메시지를 전하려고 노력했으며, 우리 일상의 모든 면에서도 이러한 원칙을 실천하려고 했다."

중독자가 12단계를 거치면 회복이 된다. 그때 맛보는 것이 바로 '기쁨', '행복', '자유'이다. 이런 내면적 요소는 영적으로 각성될 때 일어난다. 중독자라고 할지라도 정신적, 내면적, 영적 변화는 삶을 송두리째 바꾼다. 1단계는 중독자가 비참하게 자신의 연약함을 고백하는 것이라면, 12단계는 중독자가 '삶의 기쁨'을 맛보고 그 기쁨을 나누는 것이다.

1. 이번 챕터에서 배우고 느낀 것은 무엇인가요?

2. 중독 치유에 있어서 '신'과 '영적 각성'은 왜 중요한가요?

3. 12단계 회복 프로그램에서 가장 어려운 단계는 무엇일 것 같나요? 그 이유는 무엇인가요?

4. 교회 소그룹에서 나누는 진솔한 고백이 중독 회복에 어떤 긍정적 영향을 줄 수 있을까요?

5. 12단계를 거쳐 맛볼 수 있는 것은 무엇이며, 그때의 소감은 어떨 것 같나요?

PART 4.
중독, 이제 회복의 길로

1. 치료의 첫걸음, 중독의 시인과 의지

"제가 왜 상담을 받아야 하지요? 제 친구들도 다 이 정도는 해요. 그리고 심심하니까 하는 거지. 게임이 뭐가 문제인데요? 밤에 그냥 잠이 안 와서 하는 거예요!"

지철이는 공부를 상당히 잘했다. 지철이의 부모님은 '우리 지철이 같은 아이가 명문 대학에 가는구나' 하고 생각하곤 했다. 그런데 고등학교에 가서 게임에 빠졌다. 단순히 성적만 안 좋아진 게 아니라, 부모님과 대화가 사라졌다. 성격도 바뀌었다. 말은 거칠어졌다. 폭력성도 보이기 시작했다. 키 180cm에 몸무게 75kg인 지철이가 40kg의 할머니를 밀었다. 게임 좀 그만하라고 했다고 말이다. 할머니는 정신적인 충격과 함께 골절을 입었다.

중독을 치료받기 위해서는 무엇보다 중독이 얼마나 '안 좋은 것'인지 문제의식을 가져야 한다. 중독자 대부분은 자신의 중독이 악한 것인지 깨닫지 못한다. 중독이 얼마나 유해한지 스스로 깨닫고, 회복 의지를 가지고 나아가느냐가 중독 치료의 성패를 좌우한다.

치료의 첫걸음, 중독을 시인하라

"범사에 헤아려 좋은 것을 취하고 악은 어떤 모양이라도 버리라"(살전 5:21-22)

중독자의 대부분은 자신이 중독자임을 인식하지 못한다. 혹 알더라도 중독자임을 드러내려 하지 않는다. 그로 인해 더욱 고립되고, 중독의 상황에 끊임없이 노출되는 것이다. 중요한 것은, 타인을 통해 자신이 중독자임을 듣게 되는 것보다, 스스로 중독자임을 깨닫는 것이 치료에 도움이 된다. 상담하다 보면 많은 학생이 자신이 중독자임을 알고 있으며 그 사실을 인정한다. 그런데 치료 성공률이 높지는 않다. 많은 청소년이 자신을 중독자로 인정하지만, 치료의 과정을 밟지는 않는다. 마치 거울을 보며 과체중인 것은 알지만, 살을 빼는 게 쉽지 않다고 머리로만 알고 사는 것과 같다. 그 사실의 심각성을 자신이 직접 깨달은 게 아니라, 부모나 타인에게서 들어서 알게 되었기 때문에 실천의 의지가 없다.

"엄마가 저한테 스마트폰 중독이래요. 알지도 못하면서!"

"선생님이 저 게임 중독이래요. 그 정도는 아니라고 생각하는데……."

"부모님이 하지 말라고 하니까 더 하고 싶어요."

"친구들이 저한테 중독이라고 하는데, 저는 아닌 것 같아요."

중독자가 타인의 말에 의해 치료되지 않음을 보여 주는 장면이다. 중독자를 상담하며 치료율을 높이기 위해서는 자신이 중독자임을 깨달을 수 있는 객관적인 데이터를 보여 주어야 한다.

자신이 중독되었음을 밝히며 치료를 받기 위해 찾아오는 사람들도 물론 있다. 한번은 남자 대학생이 찾아와 자신이 음란물에 중독되었음을 고백하였다. 보고 싶지 않지만, 어김없이 음란물을 보고 있는 자신을 발견하고 어느 날은 눈물이 흘렀다고 했다. 그는 거울에 비친 자신의 비참한 모습을 보고 상담을 받기로 결정했다며 찾아왔다.

이처럼 음란물 중독에 빠진 사람들과 상담을 할 때, 컴퓨터 주변에 거울을 놓으라고 한다. 자신의 모습을 보며 불쾌함을 느끼게 하기 위해서이다. 자신의 모습이 불쾌하면 스스로 바뀌려는 의지가 생기기 때문이다. 이처럼 자신이 중독자임을 깨닫고 고백하는 것으로 중독은 이미 치료되기 시작한다. 중독 치료에는 자신의 연약함을 고백하는 것이 아주 중요하다. 이런 고백과 자각이 없으면 중독에서 절대 나올 수 없다. 사도 바울은 회심하고, 자신 속에 연약함이 있음을 고백하면서 더 성숙하게 되었다.

> "그러므로 내가 한 법을 깨달았노니 곧 선을 행하기 원하는 나에게 악이 함께 있는 것이로다 내 속사람으로는 하나님의 법을 즐거워하되 내 지체 속에서 한 다른 법이 내 마음의 법과 싸워 내 지체 속에 있는 죄의 법으로 나를 사로잡는 것을 보는도다 오호라 나는 곤고한 사람이로다 이 사망의 몸에서 누가 나를 건져내랴 우리 주 예수 그리스도로 말미암아 하나님께 감사하리로다 그런즉 내 자신이 마음으로는 하나님의 법을 육신으로는 죄의 법을 섬기노라"(롬 7:21-25)

대사도인 바울도 자신 안에 악이 있다고 고백했다. 속사람으로는 하나님의 법을 즐거워하지만, 자신의 지체 속에 다른 한 법이 있음을 인지하였다. 마음속에 다른 법이 있어 자신을 사로잡는 것을 보았다. 바울은 자신의 비참함을 이렇게 고백하였다.

> "나는 참으로 비참한 사람입니다. 누가 나를 이 사망의 몸에서 구원해 내겠습니까?"(롬 7:24, 쉬운성경)

중독자도 이와 같은 고백을 해야 한다. 그렇지 않으면 참 자유가 없다. 자신이 연약한 자이고, 중독자임을 고백해야 진정 그리스도를 만날 수 있고, 주님이 주시는 자유를 경험할 수 있다. 바울은 자신이 죄의 법에 따라 있는 자임을 고백한 뒤 로마서 8장 1-2절에서 그리스도 안에 정죄함이 없고, 죄와 사망의 법에서 해방되었다고 고백했다.

> "그러므로 이제 그리스도 예수 안에 있는 자에게는 결코 정죄함이 없나니 이는 그리스도 예수 안에 있는 생명의 성령의 법이 죄와 사망의 법에서 너를 해방하였음이라"(롬 8:1-2)

중독에 빠진 개인은 신앙인으로서 하나님 앞에 나아가야 한다. 동시에 전문적인 의료를 통해 치료받아야 한다. 특히, 입원 격리 치료는 어떤 중독의 유혹으로부터 개인을 보호해 줄 수 있다. 더 나아가 약물 치료와 개인 상담 치료도 도움이 된다. 치료 시기를 놓치면 극도의 불안 장애와 심하면 자폐 증세까지 겪게 된다. 중독에 빠지지 않도록 우리가 잘 관리하고 적절히 해소해야 할 것이 있다. 바로 '스트레스'이다.

스트레스를 제어하라

 중독자 대부분이 스트레스를 지속해서 받은 사람들이다. 그 스트레스를 다른 방법으로 해소하려다가 술, 담배, 게임, 도박 등 중독에 빠지게 되는 경우가 많다.

 하루는 신대원에 다니며 전도사로 사역 중인 한 청년과 상담을 했다. 그는 음란물 중독, 자위 중독에 빠져 있는 상태였다. 그는 어린 시절 부모님의 이혼으로 아버지와 단둘이 살게 되었는데, 알코올 중독이었던 아버지는 술만 먹고 오면 폭력을 휘둘렀다. 그로 인해 어린 시절부터 불안함과 스트레스를 안고 살아가게 되었다. 그러던 어느 날, 친구들과 음란물을 보게 되었는데, 그 순간 스트레스가 일시적으로 사라지는 경험을 했다. 그 뒤로 스트레스 상황이 생길 때마다 음란물을 보면서 자위를 시작했고, 전도사가 된 지금도 스트레스를 받는 상황이 오면 음란물을 찾게 된다는 것이었다.

 이처럼 중독 행위는 스트레스 상황을 잊게 해 주는 것

같은 자극을 준다. 하지만 실상 중독적 자극이 오히려 스트레스 상황을 더 유발함을 기억해야 한다. 중독의 행위에 따르는 죄책감과 스트레스는 고통의 근본적 원인을 제거하지 못한다. 그러므로 우리는 중독의 촉매제인 스트레스를 해결해야 한다. 스트레스를 해소하기 위한 방법들은 다음과 같다.

스트레스를 해소하기 위한 방법

1) 가족 및 친구와의 대화

가족과의 불화는 스트레스의 일차적 원인인 경우가 많다. 중독으로 인해 상담받는 사람의 대부분이 가족 간의 불화로 인해 가장 스트레스를 받는다.

중학생 민준이는 부모님의 잦은 다툼으로, 방에 틀어박혀 이어폰을 끼고 게임에 집중하다 게임 중독이 되었다. 아빠는 엄마와의 다툼으로 인한 스트레스를 풀기 위해 술을 마시다가 알코올 중독자가 되었다. 한편, 엄마는 심각한 게임 중독에 빠진 민준이를 살려야겠다는 마음이 들었다. 엄마는 지속적인 관심과 사랑을 쏟았고, 민준이는 엄마의 도움으로 중독에서 벗어날 수 있었다. 민준이 엄마는 민준이가 게임을 하고 피곤해할 때도 인내하며, 민준이를 동일하게 사랑해 주었다. 이처럼 하나님께서 주신 가장 첫 번째 공동체인 가정은 중독의 시발점이 되기도 하지만, 치료의 시발점이 되기도 한다.

2) 일상생활에서 자족하며 찾는 즐거움

"내가 궁핍하므로 말하는 것이 아니니라 어떠한 형편에 든지 나는 자족하기를 배웠노니 나는 비천에 처할 줄도 알고 풍부에 처할 줄도 알아 모든 일 곧 배부름과 배고픔과 풍부와 궁핍에도 처할 줄 아는 일체의 비결을 배웠노라 내게 능력 주시는 자 안에서 내가 모든 것을 할 수 있느니라"(빌 4:11-13)

지금은 '풍요 속의 빈곤'이라는 단어가 가장 잘 어울리는 시대이다. 모든 것이 과잉이지만 모두가 부족하다고 말하며, 부족함을 채워 줄 강한 자극을 찾는다. 그러나 어떤 자극으로도 채우지 못한다. 작은 것으로도 만족할 수 있는 힘이 사라졌기 때문이다.

고등학생 진석이는 밤마다 배달 아르바이트를 하며 돈을 모아 명품 운동화, 명품 옷을 샀다. 아르바이트가 끝나면 먹방을 보면서 자신도 배달 음식을 시켜 마구 먹었다. 그러나 명품은 아무리 많이 사도 신상품이 끝없이 나오고, 음식은 아무리 많이 먹어도 허한 마음을 완벽히 채워 주지 못했다.

사실 다음세대는 무엇이 부족한 것이 아니라, 자족하는

방법을 배우지 못하여 결핍을 느낀다. 자신에게 주어진 것에 만족하며 감사하는 훈련을 해야 한다. 이미 주변에 넘치도록 주어진 선물들로 만족할 수 있을 때 더 좋은 것, 더 완벽한 것을 찾으려는 스트레스에서 벗어날 수 있다.

3) 취미의 발견

취미는 삶의 윤활유이다. 우리는 삶에서 스트레스를 받아, 부속품인 몸과 마음이 삐걱거리게 된다. 그런데 취미는 삶에 윤활유 같아서, 우리 몸과 마음의 삐걱거림을 막아 준다. 그러므로 적절한 취미를 통해 스트레스를 조절할 수 있어야 한다. 혼자보다는 가족 또는 친구와 같이 할 수 있는 취미, 실내에서 하는 것보다는 실외에서 하는 취미가 더 도움이 된다. 가족 또는 친구와 몸을 움직이며 마음을 함께 모을 때, 공감과 하나 됨을 느끼며 마음의 상처를 치유 받을 수 있다.

보통 중독자는 중독에 빠진 것 외에는 즐길 대상이 아무것도 없다. 왜냐하면 중독 행위를 할 때 도파민이 나오기 때문이다. 이미 뇌가 망가진 상태이기에 더 중독으로 향하는 불나방이 되어 버리는 것이다. 그렇다고 아예 중독에서 나오지 못하는 것은 아니다. 특히 미디어, 스마트폰 중독에 빠진 자녀의 뇌는 상당히 파괴되어 있다. 이럴 때 독서를 취미로 하면 뇌가 건강해진다. 때로 취미로 만화책을 보기도 하는데, 부모님들은 만화책을 보는 취미가 안 좋다고 생각한다. 그러나 미디어, 스마트폰 중독보다는 먼저 만화책 감상을 취미로 갖고, 나중에 좀 더 글이 많은 책을 읽을 수 있게 하는 것이 좋다.

지아는 심각한 스마트폰 중독자였다. 고등학교 2학년 때까지 새벽 4~5시까지 스마트폰을 보았다. 학교와 학원에서는 졸기 일쑤였다. 그런데 만화책을 읽기 시작하면서, 책에 관심을 가졌다. 나중에는 제법 두꺼운 인문학 책도 즐겨 보게 되었다. 우리는 취미를 터부시하는 경향이 있다. 중독과 마찬가지로 성적에 도움이 안 된다고 여기기 때문이다. 물론 안 좋은 점도 있다. 그러나 게임, 도박, 음란물 중독보다 조금 나은 취미를 갖게 하는 것은 꼭 비생산적인 것이 아니며, 생산적인 습관으로 가는 과정이 될 수 있다.

1. 이번 챕터에서 배우고 느낀 것은 무엇인가요?

2. 스트레스가 중독을 촉발하는 주요 원인으로 작용하는 이유는 무엇이며, 스트레스를 어떻게 효과적으로 관리할 수 있을까요?

3. 중독자가 자신을 회복시키려고 스스로 의지를 다지기 위한 실질적인 방안에는 어떤 것이 있나요?

4. 중독자가 회복의 길을 걷는 동안 겪을 수 있는 가장 큰 도전, 어려움은 무엇일까요?

5. 중독보다 더 나은 취미를 가지기 위해 나는 무엇을 실천할 수 있을까요?

2. 중독 예방을 위한 실질적 방법

"밤에 컴퓨터를 켜면 음란물을 보게 돼요. 부모님이 다 주무시면 온라인에 접속해서 매일 더 강력한 자극을 찾아보고 있어요. 늘 수치심과 죄책감을 느끼지만, 쉽게 끊을 수가 없어요."

중독에서 자유하려면 유혹을 받지 않을 만한 환경을 만들어야 한다. 스스로를 제어하지 못하는 청소년기, 청년기에는 부모님을 비롯한 가족의 도움이 필요하다.

구약 성경에는 규율, 율례, 법도, 계명, 율법이라는 단어가 나온다. 이 말은 신앙에 법도가 있다는 말이다. 그런데 이런 법도는 오늘날 가정에도 필요하다. 특별히 중독자 가정에는 더욱 시급하다. "저녁 9시 이후에는 집에서 컴퓨터 또는 스마트폰을 만지지 않는다", "방에 들어갈 때는 스마트폰을 들고 들어가지 않는다", "거실에 핸드폰을 두고 자러 간다" 등 규율을 세우는 것도 도움이 된다.

중독에 빠지는 것은 스스로 절제가 되지 않기 때문이다. 그렇기에 청소년기 그리고 중독에 빠져 있는 가정에는 규율이 필요하다. 이런 규율이 중독 예방에 큰 효과가 있다. 구체적으로 중독 예방을 위해 어떤 조처를 해야 할까?

중독 예방을 위한 방법

1) 중독 물질을 절제하고 보지 않도록 환경을 조성한다

무엇을 보고, 만지느냐에 따라 중독에 걸리기도 한다. 요즘 청소년들이 손으로 가장 많이 만지는 것이 무엇일까? 바로 스마트폰이다. 어린 시절부터 주어진 스마트폰은 아이들의 손에서 떼려야 뗄 수 없는 존재가 되어 버렸다. 그리고 그 안에서 보게 되는 온갖 시각적 자극들은 그들의 삶에 깊숙이 뿌리내려 버렸다.

실제로 한동안 인스타그램에 자해 관련 게시물이 무분별하게 올라오며, 청소년 사이에 자해가 크게 유행한 것이 대표적인 모습이다. 작은 화면이지만, 그 안에서 얻게 되는 정보들은 청소년들을 중독과 잘못된 생각에 빠지게 하는 결과를 낳았다.

"포도주는 붉고 잔에서 번쩍이며 순하게 내려가나니 너는 그것을 보지도 말지어다"(잠 23:31)

유대인들은 자녀 교육을 철저히 하는데, 특히 하나님의 말씀을 가르치는 것을 가장 중요하게 생각한다. 그리고 안식일에는 컴퓨터를 보자기로 덮어 둔다고 한다. 왜일까? 컴퓨터를 보면서 유혹받지 않게 하려는 것이다. 그만큼 자녀들이 중독적인 자극에 노출되지 않도록 하는 것은 중요하다. 그러나 매우 조심스럽게 접근해야 한다. 컴퓨터 게임에 중독된 자녀를 위해 컴퓨터를 거실에 내어놓자, 부모님의 지갑에 손을 대 PC방으로 향하는 자녀가 비일비재하다. 또 게임을 하지 못하도록 강제하는 어머니를 구타하는 자녀도 있다.

이것은 해결에만 몰두한 나머지 기본적인 세팅을 하지 못했기 때문이다. 중독적 자극들을 제거하거나 접촉하지 못하게 하기 전, 그것들을 대신할 수 있는 대안을 마련해 놓아야 한다. 새로운 것을 맛보아, 더 이상 예전의 중독적 자극에 시선이 돌려지지 않도록 하는 것이 중요하다. 가정에서 가족이 함께할 수 있는 취미 생활이나 활동을 만드는 것이 중요하다.

2) 만지지 않고 가까이하지 않아야 한다

하나님은 아담과 하와가 선악과를 먹지 않도록 어떻게 하라고 하셨는가? 먹지도 만지지도 말라고 하셨다.

> "동산 중앙에 있는 나무의 열매는 하나님의 말씀에 너희는 먹지도 말고 만지지도 말라 너희가 죽을까 하노라 하셨느니라"(창 3:3)

중독은 쉽게 손댈 수 있을 때 일어난다. 요즘 청소년들이 스마트폰에 심각하게 중독된 이유 역시 마찬가지다. 바로 접근성이 좋기 때문이다. 손만 뻗치면 잡을 수 있기 때문에 스마트폰의 중독률이 높다. 접근성이 좋은 중독 요인에 과도하게 노출되지 않도록 해야 한다. 그리고 노출이 되더라도 노출을 조절할 수 있는 조절 능력을 키워야 한다. 그것을 위해 오히려 중독 물질을 붙잡고 있는 손을 정결하게 하고, 하나님을 가까이해야 한다.

> "하나님을 가까이하라 그리하면 너희를 가까이하시리라 죄인들아 손을 깨끗이 하라 두 마음을 품은 자들아 마음을 성결하게 하라"(약 4:8)

그렇다면, 중독 물질을 만지지 않고 가까이하지 않도록 하는 대안 활동에는 어떤 것이 있을까? 디지털중독연구회에서 편저한 책 『인터넷 중독 상담과 정책의 쟁점』은 삶의 아픔을 치유하는 대안 활동으로, 예술 치료를 제시한다. 단순히 인터넷을 차단하고, 멀리하게만 할 것이 아니라 대안 활동을 하도록 해 주면 좋다. 예를 들어, 음악, 미술, 체육 활동은 스트레스를 해소하고, 학교 생활이나 친구들 사이에서 받은 마음을 상처를 치유하는 데 도움이 된다. 중독의 치료와 회복에 도움을 줄 수 있고, 다양한 활동을 통해 숨어 있는 재능 또한 발견할 수 있다. 재능을 발견하여 건전한 취미로 삼거나, 나아가 인생의 방향을 찾게 된다면 최고의 결과가 될 것이다.

3) 마음을 건강하고 강하게 해야 한다

성경은 왜 우리 마음을 굳게 지키라고 하였는가? 생명의 근원이 이에서 나기 때문이라고 하였다. 생명력을 잃지 않기 위해서는 마음을 강하게 하고, 자아를 건강하게 해야 한다. 마음을 건강하게 하기 위해서는 마음의 중심을 잘 잡아야 한다. 하나님의 말씀을 마음의 중심, 자아의 중심에 두는 훈련이 필요하다. 이를 위해 매일 QT를 하거나, 기도의 습관을 쌓기를 권면한다.

> "모든 지킬 만한 것 중에 더욱 네 마음을 지키라 생명의 근원이 이에서 남이니라" (잠 4:23)

중독에 빠지면 정신, 마음, 육체가 다 무너지게 되는데, 그 이유는 금단 현상 때문이다. 금단 현상은 자신이 빠진 중독 물질을 접하지 않거나 중독 행동을 하지 않으면 불안하고, 초조하고, 식은땀이 나는 것이다. 그런데 여기서 그치지 않는다. 환각이 보이고, 환청이 들린다. 손도 떨고, 소리도 지른다. 심해지면 주위 사람들에게 폭력도 행사한다. 금단 현상을 겪는 중독자는 중독에서 나오기가 쉽지 않다. 마음을 꽉 잡고, 강한 정신력으로 이겨 내지 않으면 다시 무너지기가 쉽다. 금단 현상을 두려워하지 말고, 굳센 의지로 마음과 정신을 붙잡아야 한다.

4) 중독의 위험성을 깨닫고 스스로 중독자임을 자각해야 한다

중독자는 스스로 '아, 나에게 문제가 있구나'라는 사실을 자각해야 한다. 가톨릭대 정신건강의학과 이해국 교수는 중독자가 정신과에 잘 오지 않는 것을 안타까워한다. 이해국 교수는 2019년 2월 11일 중독 세미나에서 이렇게 말했다.

"중독자가 정신 병원에 오지 않는 이유는 정신 질환에 대한 사회의 편견이 많고, 상대적으로 중독자들은 수치심이 매우 많기 때문이다. 40, 50대가 간경화 문제로 내과 치료 후 어쩔 수 없이 병원의 문을 두드리는 경우가 많은 것처럼, 30년씩 앓는 알코올 중독 환자들이 문제가 심각해져야 정신건강의학과에 온다. 이들은 암으로 치면 4기 말기 환자와 같은데 실제로 그 중독의 심각성을 깨닫지 못한다."

중독에서 나오려면 자각하고, 병원에 가야 한다. 예전에는 '뭐 좀 하면 어떻다고, 괜찮아!' 하였다면, 이제는 '어? 내가 문제가 있네. 내가 스스로 통제가 안 되는구나', '내가 여기에 돈을 너무 많이 쓰고 있네', '이것 때문에 내 삶과 인격에 문제가 생겼네'와 같은 각성이 필요하다. 이 단계에 들어오면 치료의 가능성이 있다. 자신이 중독되었다고 인지하고 있는 자에게 소망이 있다. 그러나 중독은 자각만 있다고 회복되는 것은 아니다. 대부분의 중독 청소년이 자신이 중독자임을 인지하고 있다. 그러니 그다음 단계가 필요하다.

5) 중독을 초래하는 사회적 구조와 개인적 틀을 깨야 한다

사회적 구조에 어떤 문제가 있을까? 이해국 교수는 이 사회에 중독이 갈수록 심각해지는 이유가 '중독물의 생산자와 소비자 간에 이루어지는 불균형 게임'이기 때문이라고 지적했다. 중독물 판매는 즐거움을 파는 행위로, 더 빨리 더 크게 즐거움을 느끼고 싶어 하는 인간의 본성을 자극한다. 인간의 본성이 뒷받침되니 구매 욕구가 확실하고, 이로 인해 판매자는 높은 이익을 얻게 된다. 이런 이유에서 술, 마약, 음란물을 생산하고 판매하는 자들이 이윤을 포기하지 않고 더 활발하게 활동한다. 그렇게 사회 안에 중독이 점점 만연해지기에 중독 사회의 개선을 위해서는 구성원의 합의가 필요하다.

이해국 교수는 개신교인이 아니다. 그러나 중독의 회복을 위해서는 영적 치료가 필요하다고 말한다. 회복의 마지막은 '영의 회복'이며, 종교가 그 대안이라고 주장한다. 그뿐만 아니라 많은 종교 중 기독교가 가장 중독 치유와 회복에 중요한 해결책을 가지고 있다고 한다. 그 이유가 무엇일까? 중독 치유를 위해서는 인생을 송두리째 끌고 가고 있는 중독 물질(행위)의 빈자리를 다른 것으로 채워야 하기 때문이다. 그러기 위해서는 지금 가지고 있는 중독의 틀을 완전히 깨부수고 나와야 한다. 틀은 변화될 모습을 선포할 때 깨어진다. 밤에 음란해지고, 사람들과 어울려 다니고, 술을 마시고 담배를 피우는 상태라면 변화의 틀을 선포하고 실천해야 한다. "나는 9시 이후에 교회에 가서 한 시간씩 기도할 것이다. 내 어둠의 문화를 바꿔 버리겠다. 어둠의 문화가 아니라 새벽의 문화로 바꿀 것이다! 예배의 문화로 바꿀 것이다!"라고 선포해야 한다.

무질서한 삶의 틀을 유지하면 5년, 10년 후에는 지금보다 더 흉측한 존재가 될 수 있다는 것을 자각하고 변화를 선포하며 새벽을 깨우고, 수요예배와 금요예배에 출석하며 신앙적으로 성숙해야 한다. 이때 가족과 목회자의 돌봄이 필요하다. 누구나 변화를 선포할 수는 있지만, 실천까지 가는 일은 어렵다. 중독자가 중독을 끊고 신앙으로 서는 일에는 수많은 방해가 있을 것이다. 유혹을 거절하고 하나님 앞으로 나아가도록 주변에서 적극적으로 도와야 한다.

1. 이번 챕터에서 배우고 느낀 것은 무엇인가요?

2. 중독을 예방하기 위해 우리 가정에 필요한 조치와 규율은 무엇인가요?

3. 중독 예방을 위한 대안 활동으로 제시된 예술 치료 외에 다른 활동이나 취미는 무엇이 있을까요?

4. 중독 예방을 위해 개인의 자아를 건강하게 유지하는 데 필요한 구체적인 경건 훈련이나 습관은 무엇일까요?

5. 나에게 가족과 목회자의 돌봄이 필요한 부분은 무엇인가요?

3. 건강한 자아를 형성하기 위한 방법

"친구들이 저를 싫어하는 것 같아서 혼자 핸드폰만 보게 되었어요. 학교에서 왕따를 당한 적도 있고요. 사실 친구들에게 먼저 다가가는 게 쉽지 않아요. 동생은 성격이 활발해서 인기도 많고 공부도 잘하는데 저는 그렇지 않아서 부모님에게 죄송하기도 하고요. 저는 집에서도 골칫덩이인 것 같아요…."

요즘 다음세대는 정신적으로, 심적으로 강직하지 못한 면이 있다. 신체적으로는 예전보다 더 키도 크고 건강하지만, 내면적으로는 자존감이 낮고, 쉽게 상처를 받는다. 이는 다음세대의 문제만은 아니다. 부모님이 다른 자녀 혹은 다른 집 자녀와 비교해서 그렇기도 하고, SNS의 발달로 타인과의 비교가 쉬워졌기 때문이기도 하다. 또한, 가정 환경에 짓눌려 자책하고, 무기력한 경우도 있다. 문제는 자아가 연약하고, 병들수록 중독에 빠지기 더 쉽다는 점이다. 어떻게 하면 건강한 자아를 가질 수 있을까?

건강한 자아를
세우는 방법

1) 자아 존중감을 높여야 한다

자아가 너무 낮으면 문제가 된다. 자아 존중감이 낮으면 자기 평가에 회의적이다. 자기를 무가치한 존재로 본다. 불필요한 불안, 우울, 불행을 느낀다. 이런 경우 더 쉽게 중독에 노출되고, 빠지게 된다. 학습하거나 일하는 데도 지장이 있다. 특히, 새로운 것을 시도하고 목적을 이루기 위해 수행할 때 어려움을 겪는다.

초등학교 졸업 후, 한 번도 등교하지 않은 하나는 올해 17살이다. 초등학생 고학년 때 친구들에게 '돼지'라는 놀림과 함께 따돌림을 당했다. 초등학교를 졸업하고 중학교에 입학했지만, 학교에 갈 자신이 없었다. 그 뒤로 계속 방에 머물며 게임 속 가상 캐릭터에 몰입했다. 가상 캐릭터는 외모도, 성격도 하나가 꿈꾸는 대로 만들어졌다. 하나는 '가상의 나'에 완전히 몰입하게 되었다. 그러나 현실 세계에서 가상의 캐릭터는 하나가 아니었다. 그래서 여전히 학교에 가는 것이 두렵다. 모두 자신을 '돼지'라고 생각할 것 같아서 괴롭다. 이처럼 자아 존중감은 관계에 영향을 끼친다. 그리고 관계는 중독과 밀접한 연관이 있다. 관계가 온전하지 않은 사람들은 심리 정서적 결핍이 커진다. 그리고 그 결핍을 채우기 위해 자극들을 찾게 되고, 그것을 시작으로 중독에 빠진다.

2) 자기 통제력을 높여야 한다

자아가 건강하지 않으면 자기 통제력에 문제가 생긴다. 즉, 자기 생각, 정서, 행동을 원하는 대로 스스로 조절할 수 없다. 자기 통제력이 있다면 조금 더 심사숙고하고, 중독에 노출되어도 적절한 행동 수행력을 발휘하여 더 깊이 들어가지 않을 수 있다. 그러나 자기 통제력이 없으면, 중독에 무방비로 빠져든다. 많은 청소년이 자신이 마음만 먹으면 중독에서 벗어날 수 있다고 생각한다. 하지만 그런 생각을 하는 청소년 중 중독에서 벗어난 아이는 한 명도 없다. 특히 충동 조절의 장애가 생길 수도 있다. 이런 자기 통제의 실패로 섭식장애 행동뿐만 아니라 약물 중독 및 오남용, 무절제 및 충동적 성행동이 일어날 수 있다. 청소년기에 학업 부진, 부정행위, 무절제한 금전 사용, 도박 중독에도 빠질 수 있다.

실제로 한 가지 중독에 빠진 청소년들은 또 다른 중독에 쉽게 빠지게 된다. 중학교 3학년 민수는 심각한 게임 중독이다. 게임하는 시간을 조절할 수 없었던 민수는 잠을 줄이고 게임하는 시간을 늘렸다. 친구들과 게임을 하며 자연스럽게 담배까지 피우게 되었고, 담배까지 깊은 중독에 빠지게 되었다. 이제 게임과 담배가 없는 삶은 생각할 수 없는 지경이 되었다. 어린 시절부터 자기 통제력을 키우는 훈련이 필요한 이유이다.

3) 우울감과 무기력증의 위험성을 깨달아야 한다

중독자 중에는 우울증으로 고생하는 사람이 많다. 우울증과 무기력증 같은 심리적 문제를 유발하는 요인은 심리적, 인지적, 가족과 동료, 학교 등 매우 다양하다. 우울증으로 자살을 하는 경우도 많은데, 단순 우울 때문이 아닌 경우가 많다. 중독으로 인한 건강 약화, 재정 탕진, 심리적 압박과 부담감으로 우울증을 겪는 경우가 많다. 결국 중독이 복합적인 문제로 발전하여 우울증과 무기력증을 불러일으키고, 극단적인 선택을 하는 것이다.

자신에 대해 낮은 자존감을 가지고, 스스로를 무가치하게 느끼면 결국 우울증에 빠진다. 장래에 대해 아무런 꿈이나 희망을 품지 못한다. 행복해지려다가 잘못된 쾌락을 탐미하고, 그러다가 중독에 빠진다.

그러나 무엇보다 청소년은 친구에게 따돌림 혹은 무시를 당하거나, 자기를 이해해 주는 친구가 없을 때 매우 슬픈 감정과 우울감을 느낀다. 가정, 교회, 사회 공동체는 우울해하는 청소년을 방치해서는 안 된다. 대게 청소년들의 우울을 가볍게 보는 경향이 있다. 으레 겪는 사춘기의 한 증상이라고 생각할 수 있기 때문이다. 하지만 전 연령을 막론하고 우울증으로 가장 위험한 시기가 청소년기이다. 청소년기의 우울증은 성인기의 우울증에 비해 자해, 자살과 직접적으로 연결될 위험성이 높다. 우울감을 어떻게 해결해야 할지 잘 모르는 미숙한 경우가 많기 때문이다. 홀로 끙끙 앓다가 더욱 사태가 심각해진다. 따라서 가정과 교회, 그리고 사회는 청소년 우울을 심각하게 바라보고, 예방과 치료에 적극적으로 나서야 한다.

4) 하나님과 먼저 깊은 관계를 형성해야 한다

청소년들이 중독에 빠지게 되는 데는 관계를 맺는 것이 서툴러 어려움을 겪다가 고립되는 상황이 큰 이유로 작용한다. 그런 가운데 받는 스트레스를 푸는 도구로 시작한 것에 계속 집중하고 매달리다 보니 그 대상에 중독되는 것이다. 중독 물질을 단지 욕구 해결이나 스트레스 해소용이라고 생각해서는 안 된다. 청소년들에게는 중독 물질이 누구보다 자신을 이해해 주는 친구이기 때문이다.

취업을 준비하고 있는 미영이는 항상 혼자 밥을 먹는다. 사람들과 같이 밥을 먹는 것이 불편하다는 이유에서다. 부모님의 관계가 좋지 않았던 어린 시절을 보냈고, 청소년기에는 학교 친구들과 관계로 어려움을 겪었다. 그런 미영이에게 손쉽게 만날 수 있고, 어떤 애씀이 없어도 관계를 유지할 수 있는 대상이 있었다. 바로 스마트폰이다. 스마트폰과의 관계 맺음은 미영이에게 편안함을 안겨 주었다. 그렇게 스마트폰이 미영이에게 친구가 돼 버린 것이다. 미영이와 같이 특별한 어려움으로 관계에 혼란을 겪는 경우뿐 아니라, 대부분 청소년은 관계를 맺는 것에 불안함을 느낀다. 그때 가정과 교회가 하나님과의 관계, 이웃과의 관계 맺음의 방법을 교육하고, 깨닫게 해 주어야 한다.

청소년들이 어렵게 느끼는 관계 형성을 잘하기 위해서는 무엇보다 먼저 하나님과의 친밀한 영적 관계가 필수로 이루어져야 한다. 하나님 안에서 건강한 자아와 관계를 형성하면 자연스럽게 자존감이 높아진다. 창조주 하나님께 사랑받는 자녀라는 정체성은 세상을 이겨 내는 힘이 된다. 하나님을 마음에 두기를 싫어하면 자신에게 손해다. 오히려 빈 공간을 채우기 위해 허망한 것을 마음에 두고 살게 된다. 세상의 헛된 것을 좇으며 잘못된 길로 빠질 확률이 높다. 따라서 먼저 하나님과의 관계 형성에 초점을 맞추어야 한다.

> "또한 그들이 마음에 하나님 두기를 싫어하매 하나님께서 그들을 그 상실한 마음대로 내버려 두사 합당하지 못한 일을 하게 하셨으니"(롬 1:28)

마음에 하나님 두기를 싫어하면 하나님은 그 상실한 마음대로 내버려 두신다. 결국에는 친구들과의 관계도 힘들고, 합당하지 못한 일(중독 행위)을 지속해서 하게 된다.

5) 카지노에 없는 세 가지를 가지고 있어야 한다

중독에서 벗어나려면 카지노에서 없애 버린 것 세 가지를 가지면 된다. 바로 시계, 거울, 창문이다. 시계를 없애는 이유는 시간의 개념을 잊어버리게 만들기 위해서이고, 거울을 치우는 이유는 자기의 몰골과 피폐함을 보지 못하게 하기 위해서다. 현실 감각을 잃게 하고 현실 세계를 보지 못하게 하려고 창문을 없앤다. 더 중독에 빠지도록 하기 위함이다.

중독에 빠지지 않기 위해서는 좋은 것을 바라보고, 좋은 것에 중독되면 된다. 좋은 것으로 심령이 가득 차면 된다. 성 어거스틴은 "하나님은 언제나 우리에게 좋은 것들을 주시려 하지만 우리 손이 항상 가득 차 있어서 그것을 받지 못한다"라고 말했다. 다음세대의 손에 중독물이 주어지지 않도록 해야 한다. 자녀가 하나님의 영으로 가득 차게 해야 한다. 복음서를 보면, 마음에 귀신 들렸던 사람에게서 귀신들이 떠나갔다. 그러나 그 마음이 하나님의 영에 사로잡히지 못했을 때 어떤 일이 발생했는가?

"이에 가서 저보다 더 악한 귀신 일곱을 데리고 들어가서 거하니 그 사람의 나중 형편이 전보다 더욱 심하게 되느니라 이 악한 세대가 또한 이렇게 되리라"(마 12:45)

손양원 목사님은 이런 자가 되라고 했다.

〈예수 중독자〉

나 예수 중독자 되어야 하겠다.
술 중독자는 술로만 살다가
술로 인해 죽게 되는 것이고,
아편 중독자는 아편으로 살다가

> 아편으로 인해 죽게 되나니,
> 우리도 예수의 중독자 되어
> 예수로 살다가 예수로 죽자.
> 우리의 전 생활과 생명을
> 주님 위해 살면 주같이 부활된다.
> 주의 종이니 주만 위해
> 일하는 자 되고 내 일 되지 않게 하자.

 세상 중독은 사람을 '조종'하는데, 그 종말은 '파멸'과 '죽음'이다. 그러나 예수 중독은 사람을 '인도'해 '생명'에 이르게 한다. 우리는 다른 것이 아닌 예수님을 선택해야 한다. 경건의 틀을 가지고, 매일매일 주님께 자신을 드려야 한다. 예수님을 믿는 신앙을 선택하지 않으면 중독에 또 중독되고 결국 자신과 가정 및 속한 공동체를 죽이고 파괴하는 자로 남게 된다.
 만일 중독에서 자유하게 되었다면 이제는 다른 중독에 빠져 있는 사랑하는 지체를 깨우고, 주님께 인도해야 한다. 그렇게 하시도록 주님이 먼저 나 자신을 중독이 넘치는 이 중독 세상, 애굽에서 출애굽 시켜 주신 것이다. 중독의 덫에서 나와 탈 중독의 틀을 가지고, 세상의 중독에 빠진 수많은 영혼을 구해야 할 사명이 바로 이 글을 읽는 나에게 있다.

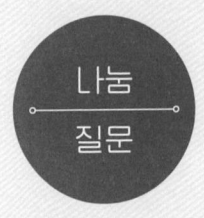

1. 이번 챕터에서 배우고 느낀 것은 무엇인가요?

2. 자아 존중감을 높이는 것이 중독 예방에 어떤 영향을 미치나요?

3. 자기 통제력을 높이기 위한 방법에는 무엇이 있을까요?

4. 우울감과 무기력증은 중독에 어떤 영향을 미칠까요?

5. 하나님과의 건강한 관계가 중독 예방에 어떻게 기여할 수 있나요?

4. 중독을 대체할 건전한 습관

"석민이는 초등학교 6학년 때부터 종일 집에서 스마트폰만 보고 학교에 안 가려고 했어요. 중학교 1, 2학년 때는 아예 학교에 안 갔어요. 안 되겠다 싶어서 대안학교에 보내려고 했는데, 면접 인터뷰도 안 가겠다고 버티더라고요. 새 스마트폰을 사 주면 가겠다고 해서 어쩔 수 없이 새 핸드폰을 사 주기도 했죠. 그런데 며칠 가더니 다시 안 가더라고요. 제가 직장에 다니느라 저희 엄마가 아이와 주로 생활하고 계세요. 그런데 어느 날은 할머니를 막 밀치면서 폭언을 하더라고요. 스마트폰을 손에 놓지 않고 게임에 빠지면서 대화는 더 단절되고, 점점 폭력적으로 변하는 것 같아요."

어머니는 상담을 하면서 눈물을 흘렸다. 이 가정은 아버지와 아들의 관계도 단절되어 있었다. 아버지가 학교도 가지 않고 게임만 하는 아들을 도저히 참지 못하고 거친 말을 하면서 둘의 사이는 더 급격히 나빠졌다. 그러면서 가정은 찻잔 속 태풍처럼 점점 거친 혼란에 빠지게 되었다. 신앙생활을 하는 가정이었지만, 가정에서 신앙이 힘을 발하지 못하는 것이 안타까웠다.

이 가정의 근본적인 문제는 이면에 있었다. 부모가 아들의 학업에 매우 집착을 했던 것이다. 아들이 공부를 잘하기를 바라는 마음이 커서 아들이 공부만 한다고 하면 모든 부탁을 다 들어주었다. 새 핸드폰의 구매도 마찬가지였다. 아들은 부모의 약점이 '공부'에 있다는 것을 알고 신형 핸드폰이 나올 때마다 핸드폰을 사 달라고 떼를 썼다. 내키지 않으면 학교도 안 가겠다고 우겼다. 부모는 집에 재력이 있으니, 자녀가 공부만 잘하면 완벽하겠다 싶어 아들의 부탁을 모두 들어주었다. 그러나 아들은 부모의 그런 심리를 이용만 할 뿐 약속을 전혀 지키지 않았으며, 부모의 기대를 충족시켜 주지 않았다.

상담을 통해 어머니는 아들의 공부가 부모의 우상임을 시인했다. 나는 과감하게 우상을 내려놓으라고 했다. 정말 자녀가 신앙 안에서 몸과 마음이 건강하게 자라기를 원한다면 욕심을 내려놓아야 한다고 권면했다. 자녀 역시 부모에게 그런 욕망이 있음을 안다. 그렇기 때문에 부모의 약점을 이용해 자신이 원하는 것을 얻어 내는 것이다.

진정 자녀가 중독에서 나오고 더 건강하게 되려면, 부모부터 올바른 신앙과 기준을 가지고 자녀를 제대로 키워야 한다. 부모가 자녀를 통해 원하는 바를 내려놓지 않으면, 자녀도 자신이 원하는 바를 내려놓지 않는다.

과의존
내려놓기

스마트폰, 게임, 도박에 과의존하는 것을 내려놓아야 한다. 하나님을 더 의지하고, 가까이해야 한다. 중독을 간파하고 중독에 빠지게 하는 요소를 조심하고 경계해야 한다. 아담과 하와는 선악과를 따 먹고 타락하였다. 오늘날 다음세대가 중독으로 더 깊이 들어가는 이유는 무엇일까? 바로 스마트폰 때문이다. 스마트폰은 21세기 다음세대에게 선악과와 같은 역할을 한다. 다음세대의 손안에 스마트폰이 생기면서 더 많은 중독이 생겨나고 있다. 최재붕 교수는 저서『포노 사피엔스』에서 다음세대를 신인류라고 규정했다. 스마트폰과 함께 태어나 함께 자라는 '포노 사피엔스'라는 것이다.

특별히 대한민국은 통신기술의 발달이 가장 빠르게, 성공적으로 이루어진 IT 강국이다. 우리나라만큼 인터넷과 스마트폰이 대중적으로 보급된 나라도 없다. 인터넷 속도는 아주 빠르고, 전국 곳곳 인터넷이 연결되지 않는 지역이 거의 없다. 초고속 인터넷을 통해 정보, 문화, 금융, 교육 등 모든 분야에서 삶의 질이 한층 높아졌다.

한편, 이러한 시대적 변화 속에서 역기능으로 나타난 것이 바로 게임, 도박, 음란물, 인터넷 채팅 중독 등이다. 이런 각종 중독으로 인해 개인, 가정 및 교회 공동체, 사회는 병들어 가고 있다.

스마트폰에 중독된 중학생 정훈이는 수면 부족과 영양 실조로 학교에 가지 못하고 있다. 정훈이가 스마트폰에 중독된 것은 초등학교 2학년 시절 부모님이 스마트폰을 사 주신 후부터였다. 맞벌이를 했던 부모는 집에 혼자 있어야 할 아이가 불안해 스마트폰을 사 주었다. 집에서 혼자 외로웠던 정훈이는 온종일 스마트폰만 들여다보며 하루를 보내기 시작했다. 그렇게 시간이 흘러, 중학생이 된 지금은 스마트폰이 없으면 흥미와 만족을 전혀 느끼지 못하는 상태가 되어 버렸다. 심각성을 느낀 어머니가 이제 일을 그만두고 정훈이를 스마트폰의 중독에서 벗어나게 하려고 애쓰지만, 쉽지 않은 상황이다. 자녀가 무너지자 가정까지 무너져 버렸다.

경제적인 이유를 바탕으로 한 맞벌이 부모가 증가했다. 부모의 가이드가 없는 상황에서 자녀에게 스마트폰이 주어졌다. 스마트폰은 더 이상 자녀를 스마트하지 못하게 만들고 있다. 소셜포비아(따돌림, 학교폭력 등의 관계에 대한 두려움)에서 시작된 통제 없는 스마트폰 사용이 오늘날 다음세대를 스마트폰이라는 작은 창에 가두어 놓았다. 물론 우리 역시 갈급함에 대한 대안 없이 갇혀 있다.

많은 사람이 스마트폰을 통해 사람과 사람이 연결되어 있다고 생각한다. 심지어 하나님과도 연결될 수 있다고 착각한다. 하지만 우리는 그저 그 작은 기계에 연결되어, 그것의 소유물이 되었을 뿐이다. 우리는 스마트폰과의 연결을 끊고, 하나님을 가까이해야 한다. 시편 기자는 주님을 멀리하는 것이 얼마나 두려운 일인지 고백한다.

"무릇 주를 멀리하는 자는 망하리니 음녀 같이 주를 떠난 자를 주께서 다 멸하셨나이다"(시 73:27)

중독의 대안

주님은 마태복음 12장 45절 이하에서 더러운 귀신 들린 자의 비유를 말씀하셨다. 더러운 귀신 들린 사람이 있었다. 무슨 이유인지는 몰라도 더러운 귀신은 그 사람을 떠났다. 머물던 곳을 떠나 쉴 곳을 찾던 귀신은 다시 그 사람에게 가 보았는데, 그 사람의 공간이 오히려 더욱 깨끗해지고 넓어진 것을 보았다. 이에 그 귀신은 자신보다 더 악한 일곱 귀신을 데리고 그 사람에게 들어갔다. 결국 그 사람은 더욱 악해졌다.

이 비유를 통해 알 수 있는 것은 중독에 빠진 사람들이 중독에서 벗어나기 위해 다른 것을 손에 쥐게 될 때 더 심각한 중독에 빠지게 된다는 것이다.

흡연 중독인 정현이는 중독이 죄라는 목사님의 말씀을 듣고, 담배를 끊기 위해 운동을 시작했다. 시간이 있을 때마다 헬스장에 가서 운동을 했다. 마침내 담배를 끊을 수 있었지만, 담배를 피웠던 시간보다 더 많은 시간을 운동하는 데에 사용하게 되었다. 전형적인 운동 중독에 빠진 것이다. 그러나 차차 운동에도 적당한 시간을 투자하게 되었고, 정현이는 건강한 몸과 마음을 가지게 되었다.

나 역시 중학교 때 비슷한 경험이 있다. 부모님이 장사를 하셨던 우리 집에는 항상 콜라가 짝으로 있었다. 목이 마를 때면 밤낮없이 콜라를 한 병씩 따서 마시곤 했다. 어느 날 이게 건강에 문제가 됨을 직감했다. 그래도 끊기가 쉽지 않았다. 그러다가 생각해 낸 게 요구르트였다. 요구르트를 사다 놓고 목마를 때 마시기 시작했다. 어느덧 자연스럽게 콜라를 마시지 않게 되었고, 나중에는 요구르트도 마시지 않게 되었다.

이는 단적인 예이지만, 중독을 끊어 내는 방법 중 하나는 더 나은 것, 더 좋은 것에 중독되는 것이다. 나쁜 중독보다 조금 더 건강한 것에 중독되도록 해야 한다. 그것이 하나님과 관련한 것이면 더 좋다. 그렇게 하나님의 말씀을 통해 주신 것을 잘 다스리고, 정복해 나가야 한다. 정복당해서는 안 된다. 즉, 중독의 가장 올바른 대안은 '올바른 신앙'이다.

나눔 질문

1. 이번 챕터에서 배우고 느낀 것은 무엇인가요?

2. 중독을 대체하기 위해 자녀가 어떤 건전한 습관을 형성하면 좋을까요?

3. 스마트폰 과의존을 버리고, 하나님을 의존하기 위해 당장 무엇을 실천할 수 있을까요?

4. 중독을 대체할 건강한 습관을 지속하기 힘든 이유는 무엇일까요?

5. 중독에서 벗어나기 위해서는 규칙적인 생활이 중요해요. 이를 위해 기상 시간과 취침 시간을 어떻게 정하면 좋을까요?

5. 회복케 하시는 하나님과의 만남

"자위를 하면, 밤 10시부터 12시, 심각할 때는 새벽 2시까지 매일 해요. 집에 부모님이 없으면 반나절도 하고요. 이런 습관에서 벗어나고 싶어요. 어떻게 하면 좋을까요?"

중독의 무서움은 습관이다. 매일매일 중독에 노출되고, 중독에 빠져든다. 알코올 중독자는 매일 술을 마신다. 담배 중독자는 매일 담배를 피운다. 게임 중독자는 컴퓨터를 켜면 바로 게임에 접속한다. 그 이유가 무엇일까? 습관이 몸에 배어 있기 때문이다. 이런 오랫동안 해 온 습관은 습성이 된다. 결국, 자신도 모르게 중독에 빠져 허우적대고 있다. 중독에서 나오려면, 거룩한 경건 훈련이 필요하다. 중독이 오랫동안 만들어진 습관의 덫이라면, 이제는 경건 훈련을 통해 중독의 틀에서 벗어나야 한다. 깊은 중독에서 벗어나 깊은 영성의 삶으로 나아가야 한다.

중독에 빠져나오는 것은 바로 건강한 경건 훈련을 몸에 습관처럼 익히는 것이다. 중독자는 경건 훈련을 통해 중독을 예방하고 회복되어야 한다. 이를 위해서는 네 가지를 실천해야 한다.

1) '예배'라는 경건의 틀을 통해 회복해야 한다

책 『중독의 성경적 이해』에서 에드워드 웰치는 중독에서 어떻게 자유롭게 될 수 있는지 나눈다. 중독자가 회복될 확률은 일반적으로 높지 않다. 회복자는 적은 데 반해, 중독자는 점점 더 많아지고 있다. 에드워드 웰치가 제안한 회복에 있어 가장 중요한 것은 '예배'이다. 예배는 하나님께 모든 것을 드리는 것인데, 중독 역시 자신의 모든 것을 내어놓는 것이니 오히려 삶의 문제를 하나님께 전적으로 드려야 한다고 말한다. 예배가 중요한 이유는 그리스도께서 자신에게 행하신 일을 기억하면 중독으로부터 회복될 수 있기 때문이다. 그렇다면 믿지 않는 사람들은 어떻게 회복될 수 있을까? 복음을 전해 주면 된다. 중독은 삶에 갈증이 있고, 채워지지 않을 때 생긴다. 즉, 복음이 간절히 필요하다는 증거이다. 그렇기에 중독 사회에서 교회가, 믿는 자가 할 일은 너무나 많다.

이렇게 예배가 회복될 때 변화의 과정이 일어나는데, 웰치는 여기에 7단계가 있다고 말한다.

a. 전투를 시작하라! 유혹의 대상에게서 떨어지라!
b. 그리스도에게 돌아와 지속적으로 헌신하라!
c. 현명한 조언자들을 주변에 두라! 교회의 일부분이 돼라!

d. 정직하게 말하라! 미묘한 거짓말은 들추어내라!
e. 중독에 대한 하나님 생각과 현명한 삶에 대한 생각에 전념하라!
f. 상상의 단계에서 계속 전투하라!
g. 하나님 경외하기를 기뻐하라!

예배를 통한 말씀과 기도와 찬양으로 중독자들이 회복되게 해야 한다.

말씀을 통해 회복되려면 어떻게 해야 하는가? 여기에는 세 단계가 있다.

1단계: 말씀을 들어야 한다.

"그러므로 믿음은 들음에서 나며 들음은 그리스도의 말씀으로 말미암았느니라"(롬 10:17)

2단계: 말씀을 묵상해야 한다.

하나님은 여호수아에게 주야로 말씀을 묵상하고, 그 가운데 기록된 대로 지켜 행하라고 하셨다.

"이 율법책을 네 입에서 떠나지 말게 하며 주야로 그것을 묵상하여 그 안에 기록된 대로 다 지켜 행하라 그리

하면 네 길이 평탄하게 될 것이며 네가 형통하리라"(수 1:8)

3단계: 말씀을 배우고 확신한 일에 거해야 한다

바울은 디모데에게 무엇을 하라고 하였는가? 특히 성경을 배우라고 하였다. 성경은 교훈, 책망, 바르게 함, 그리고 의로 교육하기에 유익하다.

> "그러나 너는 배우고 확신한 일에 거하라 너는 네가 누구에게서 배운 것을 알며 또 어려서부터 성경을 알았나니 성경은 능히 너로 하여금 그리스도 예수 안에 있는 믿음으로 말미암아 구원에 이르는 지혜가 있게 하느니라 모든 성경은 하나님의 감동으로 된 것으로 교훈과 책망과 바르게 함과 의로 교육하기에 유익하니 이는 하나님의 사람으로 온전하게 하며 모든 선한 일을 행할 능력을 갖추게 하려 함이라"(딤후 3:14-17)

하나님은 말씀이 유익하고, 모든 선한 일을 행할 능력을 갖춘다고 하였는데, 그 말씀의 파워와 위력은 어떠한가?

> "하나님의 말씀은 살아 있고 활력이 있어 좌우에 날선

어떤 검보다도 예리하여 혼과 영과 및 관절과 골수를 찔러 쪼개기까지 하며 또 마음의 생각과 뜻을 판단하나니"(히 4:12)

2) '찬양'을 통해 회복해야 한다

수용적 음악 치료에 의한 여성 알코올 중독 의존자의 우울함이 감소할 수 있음을 밝힌 논문이 있다. 해당 논문은 22세부터 57세까지의 다양한 연령 범위의 여성 알코올 의존자를 대상으로 음악이 어떻게 알코올 중독자에게 영향을 미치는지 살펴보았고, 수용적 음악 치료가 여성 알코올 의존자의 우울감 감소에 효과가 있음을 발견하였다. 노래의 가사가 여성 알코올 의존자의 정서를 반영하여 감정에 대한 인식을 돕는다는 것이었다. 음악 치료가 여성 알코올 의존자의 우울 하위영역 중 정서적, 인지적, 행동적 영역에서 모두 영향을 줌을 알게 되었다. 더 나아가 수용적 음악 치료에 의한 여성 알코올 의존자의 수치심도 감소시켰다. 특별히, 여성 알코올 의존자의 수치심 하위영역 중 부적절감, 공허감, 자기 처벌, 실수 불안 영역에서 좋은 결과를 볼 수 있었다.[01]

---

01 송은혜, 수용적 음악치료가 여성 알코올 의존자의 우울과 수치심에 미치는 영향, 고신대학교 교회음악대학원, 2012.8

그렇다면 찬양의 가사와 음률은 어떨까? 사람은 영적인 동물로 영향을 받지 않을 수 없다. 아름다운 찬양을 들을 때 중독에 빠진 영혼이 회복될 것이다.

사울이 귀신 들렸을 때, 다윗 역시 비파를 연주하였다. 그때 사울은 귀신에게서 자유롭게 되었다.

> "하나님께서 부리시는 악령이 사울에게 이를 때에 다윗이 수금을 들고 와서 손으로 탄즉 사울이 상쾌하여 낫고 악령이 그에게서 떠나더라"(삼상 16:23)

이처럼 중독자가 찬양을 듣고 부른다면 정신적, 심리적, 영적 안정을 누리게 될 것이다.

3) '기도'를 통해 치유받아야 한다

규칙적인 시간에 기도하면 좋다. 다니엘은 포로로 잡혀 있었어도 영적으로 물들지 않으려고 뜻을 가지고 규칙적으로 기도를 하였다.

> "다니엘이 이 조서에 왕의 도장이 찍힌 것을 알고도 자기 집에 돌아가서는 윗방에 올라가 예루살렘으로 향한 창문을 열고 전에 하던 대로 하루 세 번씩 무릎을 꿇고

> 기도하며 그의 하나님께 감사하였더라"(단 6:10)

우리의 다음세대는 중독에 빠져 허우적거릴 것이 아니라 하나님이 원하시는 것이 무엇인지 분별해야 한다. 그리고 영적으로도 하나님이 기뻐하시는 것이 무엇인지 알아야 한다.

> "너희는 이 세대를 본받지 말고 오직 마음을 새롭게 함으로 변화를 받아 하나님의 선하시고 기뻐하시고 온전하신 뜻이 무엇인지 분별하도록 하라"(롬 12:2)

중독은 매일 그리고 매 순간 더러운 것과 잘못된 것에 생각, 마음, 몸을 빼앗기는 것이다. 그렇지 않으려면 우리는 항상 기뻐하고, 쉬지 말고 기도하며, 범사에 감사해야 한다.

> "항상 기뻐하라 쉬지 말고 기도하라 범사에 감사하라 이것이 그리스도 예수 안에서 너희를 향하신 하나님의 뜻이니라"(살전 5:16-18)

이렇게 하는 것이 하나님의 우리를 향한 뜻이다. 하루하루를 정말 주님이 원하시는 대로 살았는지 돌아보며 기도하고, 더 나아가, 기도 일기를 써나가는 것도 좋다. 기도를 통해 하나님의 마음을 구하고, 하나님의 뜻을 구할 때 성령 하나님이 내주하셔서 중독자의 마음을 움직일 수 있다.

4) '영성 일기'를 통해서 치유받을 수 있다

유기성 목사(선한목자교회 원로, 위지엠 이사장)는 매일매일 영성 일기를 쓰는 것을 강조한다.

> "예수님과 인격적인 관계를 맺고 동행하는 것은 한 번의 체험으로 그치는 것이 아니라 일평생 지속되어야 할 우리의 삶이고 자세다. 그렇게 볼 때, 예수 동행일기는 바쁜 일상 속에서 24시간 주님을 바라보며, 예수님의 임재를 매 순간 경험할 수 있도록 하는 연결 고리가 된다. 예수님과 매 순간 함께하는 은혜를 누릴 수 있다면 그보다 더 좋은 것은 없다."

중독은 매 순간 중독자를 찾아온다. 어떻게 중독을 생각하지 않고, 온전히 살아갈 수 있을까? 바로 일상 속에서 24시간 예수님을 바라보려고 노력하고, 그런 노력의 일환으로 영성 일기를 적어 나가는 것이 도움이 된다.

앞서 말했던 베텔 중독 치유회복 센터, 캐나다의 와그너 힐 중독 치유 회복 센터는 일어나는 시간, 잠자는 시간이 일정하다. 공동체가 하나 되는 생활을 한다. 다 함께 매일 예배를 드리고, 영성 일기를 쓰게 한다. 일기를 쓰면서 하루하루 자신이 어떻게 변화되어 가는지 직접 쓰고, 느끼고 깨닫게 한다. 그 과정 속에서 새로운 회복의 역사가 일어난다.

1. 이번 챕터에서 배우고 느낀 것은 무엇인가요?

2. 웰치는 예배가 회복될 때 7단계를 거친다고 했는데, 나는 몇 단계에 머물러 있나요?

3. 예배가 중독 치료에 있어 중요한 이유는 무엇인가요?

4. 찬양을 듣고, 기도하는 것이 중독 치료에 어떻게 실질적으로 도움을 주나요?

5. 중독의 예방과 회복을 위해 말씀과 가까이하려면 어떤 습관을 가지는 게 좋을까요?

나가는 말

　사람 손에는 1억 마리 이상의 세균이 존재한다. 그러나 손을 씻지 않거나, 사람들과 악수하는 것이 위험하지 않다고 생각한다. 하지만 현미경으로 그 세균을 눈으로 확인하게 되면 즉시 손을 씻게 된다. 중독 또한 마찬가지다. 그 위험성을 자각하는 것만으로도 상당한 변화가 일어난다. 자극하는 데서 그치지 않고 실천으로 나아가는 것이 중요한 이유다.

　중독에서 벗어나기 위해서는 스스로 노력을 기울이고, 실패하더라도 다시 도전하는 의지가 필요하다. 특히, 전두엽이 완전히 발달하는 25세까지는 부모가 자녀를 도와야 한다. 부모는 자녀가 스스로 절제할 수 있는 나이가 될 때까지 그들을 돌보고 가이드해 주어야 한다.

　나는 쌍둥이 딸 하음이와 주예를 키우고 있다. 중독의 폐해를 너무 잘 알기에, 나는 딸들이 대학에 들어가기 전까지는 스마트폰을 사주지 않기로 했다. 대신 대학에 들어가면 최신 스마트폰과 함께 노트북, 태블릿을 선물로 주겠다고 약속했다.

　두 딸은 유치원 때부터 책을 많이 읽었다. 어느 날, 주일에 TV

프로그램 하나를 보여 주었는데, 그 주중에 책을 읽지 않았다. 미디어에 노출된 뇌가 책을 읽기 어렵게 만들었던 것이다. TV를 보여 주지 않자, 다시 책을 읽기 시작했다. 그리고 지금도 책을 즐겨 읽는다. 나는 청소년기에 자녀가 사색할 수 있도록 집에 TV를 두지 않고 있다. 자녀가 중독에 노출되지 않게 하는 것도 중요하지만, 그 과정에서 적절한 보상도 필요하다.

올해 6월부터 8월까지 매달 1박 2일 혹은 2박 3일씩 시간을 내어 여행을 다녀왔다. 10월에도 다시 여행을 떠날 예정이다. 11월에는 바울의 길을 따라 성지 순례를 다녀올 계획이다. 또한, 12월에는 3박 4일 동안 영어 문법을 정리해 주기 위해 영어 여행을 떠날 예정이다.

자녀가 중독에 빠지는 가장 큰 이유 중 하나는 부모가 곁에 없기 때문이다. 자녀와 함께 시간을 보내지 않고, 놀아 주거나 챙겨 주지 않으면 그들은 중독에 손을 뻗는다. 자녀와의 관계가 잘 형성되어 있다면, 어떤 중독에 빠진 자녀라도 훨씬 더 쉽고 빠르게 회복될 수 있다. 반면, 부모가 자녀를 자주 혼내거나 폭언, 폭력을 행사하면, 자녀는 더 깊은 상처를 받는다. 특히, 아버지들이 중독된 자녀에게 폭발적으로 반응하면 관계는 깨지고 만다. 자녀가 중독에 빠져 있을 때는, 꾸중보다는 함께 밥을 먹고 즐거운 시간을 보내며 대화하는 것이 더 중요하다.

책을 마무리하며, 중독의 늪에서 청소년과 다음 세대를 구하는 긴 여정을 돌아본다. 중독에서 자유롭고, 자유롭게 하는 것은 결코 쉬운 일이 아니다. 부모 세대에게도 쉽지 않다. 자녀가 중독으로 병들지 않도록 예방이 가장 중요하다. 만약 이미 중독에 빠져 있다면, 자녀와의 관계를 유지하면서도 사랑으로 품고 조언하며 그들이 회복되도록 돕는 것이 필요하다.

이 책에서 다룬 실질적인 대안들을 함께 토론하고 적용해 본다면, 중독 문제 해결에 큰 도움이 될 것이다. 하지만 기억해야 할 것은, 중독은 한 번에 해결되지 않는다는 점이다. 중독에 빠지는 데 긴 시간이 걸렸듯이, 빠져나오는 데도 상당한 시간이 필요하다.

가정과 교회에서 지속적인 관심과 사랑을 통해 천하보다

귀한 한 영혼이 회복되길 바란다. 아프리카 속담에 "한 아이를 키우는 데는 마을 전체가 필요하다"라는 말이 있다. 중독자를 회복시키는 일도 이와 같다. 중독을 극복하고 밝은 미래를 향해 나아가는 모든 청소년과 가정에 이 책이 작은 희망의 빛이 되기를 간절히 소망한다.

2024년 10월
김영한

부모와 자녀가 함께 읽는 중독 이야기

초판 1쇄 발행일 2024년 10월 23일

지은이 김영한

발행인 김은호
편집인 주경훈
편집 김나예 김일용 권수민 이민경 문은향
디자인 황예나
발행처 도서출판 꿈미
등록 제2014-000035호(2014년 7월 18일)
주소 서울시 강동구 양재대로81길 39, 2층 2호
전화 070-4352-4143, 02-6413-4896
팩스 02-470-1397
홈페이지 http://www.coommi.org
쇼핑몰 http://www.coommimall.com
메일 book@coommimall.com
인스타그램 @coommi_books

ISBN 979-11-93465-46-2 03230

* 책값은 뒤표지에 있습니다.
* 이 책은 도서출판 꿈미에서 만든 것으로 저작권법의 보호를 받으며 무단 전재 및 복제를 금합니다.

도서출판 꿈미는 가정과 교회가 연합하여 다음세대를 일으키는 대안적 크리스천 교육기관인 사단법인 꿈이 있는 미래의 사역을 돕기 위해 월간지와 교재, 각종 도서를 출간합니다.